아주 소중한

_____ 님에게

_____ 가 드립니다.

년   월   일

巨松 단상록 8

숫놈들의 폭망시대

물건物件을 훔치면 도둑놈이 되지만
마음을 훔치면 사랑♥이 이루어진다

머리말

    숫놈들의 폭망暴亡시대를 만든 가장 큰 원인은 남녀평등男女平等과 여권신장女權伸張 그리고 여성들의 비약적飛躍的인 사회 진출이다.
    너무 긴 세월歲月을 남자들에게 시달려 온 여자들로서는 쾌재快哉를 부를 것이다.
    하지만 지구상의 모든 생명체生命體가 암컷과 수컷으로 이루어져 있듯이 여자와 남자는 어떤 상황에서도 서로 사랑하면서 살지 않으면 안 되는 공동 운명체共同運命體다.

    남자들이 크게 위축萎縮되고 있다.
    남자다움은 점점 사라지고 중성화 또는 여성화女性化 되어가는 기미幾微가 노골적이다.
    심지어 어머니에 의해 유전되는 미토콘드리아mitochondria 유전자의 돌연변이突然變異마저도 아들의 수명을 단축短縮시킨다.
    그리고 미토콘드리아 유전자는 오직 수컷의 수명과 노화 속도에만 악영향惡影響을 미치기 때문에 암컷 즉, 딸에게는 전혀 영향이 없다.

    어머니의 저주로 인해 수컷의 수명은 단축된다.
    우리 몸속 23쌍의 염색체染色體 가운데 Y염색체(남성)는 청포도 다발 속에 아주 작고 못생긴 모과가 끼어있는 것처럼 찌그러지고 볼품없는 모습이며 크기도 X염색체(여성)의 3분의 1에 불과하다. 그리고 암컷이 자기 염색체 하나를 뽑아 수컷을 만들어낸다.

    드디어 증명證明되었다.
    여자들이 얼마나 위대偉大한 가를!

    당당하게 외쳐라!
    숫놈들아 비켜라 우리가 간다.

차 례

♥ 사랑이 뭐길래 / 343

♥ 세계사世界史속의 사랑이야기 / 153
  (격언, 속담, 성경, 불경, 니체, 셰익스피어, 플라톤, 아리스토텔
  레스, 간디, 김수환 추기경, 타고르 등)

♥ 세계사世界史속의 대표 바람둥이 / 53

♥ 김삿갓의 해학諧謔과 풍자시諷刺詩 / 45

♥ 송강 정철과 기생 진옥의 풍자시諷刺詩 / 29

♥ 음양의 이치 / 27

♥ 퇴계 이황과 백사 이황복 / 23

♥ 사랑과 섹스 / 19

♥ 사랑 백화점百貨店 / 17

♥ 사랑과 성性 / 13

♥ 남자들의 심벌, 불륜, 사랑 / 3

사랑이
뭐길래

삶과 섹스

예로부터 현재現在에 이르기까지 우리의 신비神祕롭고 아름다운 성성性은 후세後世를 위해 존재存在하였고, 쾌락快樂은 그 과정에서 나오는 부차적副次的인 산물産物로 취급取扱되었기 때문에 사랑의 성행위性行爲가 추醜하게 혹은 부끄럽게 인식認識되어 왔었다.

그러나 사랑이 남기는 성적 쾌락性的快樂의 느낌은 온몸과 마음, 영혼靈魂이 모두 참가參加하는 전체적全體的인 느낌이다.
그렇기 때문에 언어言語로는 도저히 표현表現할 수도 표현될 수도 없다.

그러므로 사랑은 비단非但 성性으로만 끝나는 것이 아니라 자신은 물론 타인他人과 사회社會와 모든 사람들의 삶까지 아름답고 편안하고 긍정적肯定的으로 만들어 준다.

〈사랑의 쾌락 원리〉는 부조화不調和의 폭풍 속에서 조화調和를 이루어 우리의 삶을 신나고 활기차고 웃음을 짓게 함과 동시에 인생의 여백餘白을 희망希望으로 가득 채운다.
이제 우리는 나서야 한다.
깊고 오묘奧妙하고 아름다운 성성性을
찾아 당당하고 떳떳하게 즐겨야 한다.

사람주나무 : 겸손

🆕 사랑의 섹스는 전 세계에 통용通用되는 육체肉體의 언어言語이다.

🌳 원숭이와 오랑우탄(말레이시아어로 숲에 사는 사람을 의미)은 48가지의 절묘한 테크닉으로 성생활性生活을 즐기며, 말레이시아 원주민들이 이를 모방模倣하여 전파한 것이 오늘날 현대인들이 활용하는 48가지 성교체위性交體位이다.

👄 그림을 그린다는 것은 곧 그리움을 표현한 것이다.
누군가를 그리워하는 마음을 선線과 색色으로 남긴 것이 바로 그림이니까.

희어리나무 : 봄의 노래

 사랑은 바람과 같아서 볼 수는 없지만 느낄 수는 있다.

🌳 나혜석羅蕙錫은 우리나라 최초 신여성으로, 화가이자 작가,
시인, 페미니스트, 독립운동가였다.
그의 정조론貞操論은,
"도덕道德도 법률法律도 아무것도 아니라 오직 취미다.
밥 먹고 싶을 때 밥 먹고, 떡 먹고 싶을 때 떡 먹는 거와 같이
결코 마음의 구속拘束 받을 것이 아니다.
왕왕 우리는 이 정조를 지키기 위하여 끓는 피를 누르고
하고 싶은 욕정을 억누르고 살았다"라고 일갈하였다.
그리고 그의 '이혼 고백장'(1934년)에 의하면,
조선 남성들은 정말 이상하다.
'자기는 정조 관념貞操觀念이 없으면서 처妻에게나 일반 여성에게
정조를 요구하고 또 남의 정조를 빼앗으려고 합니다'라고 하고 있다.

 도둑맞은 입맞춤은 언제나 감미甘味롭다.

명자나무 : 신뢰, 수줍

사랑을 잃으면 사계절四季節을 잃은 것과 같다.

여자에게 옷을 입히는 것과 벗기는 것은 사랑의 진정한 거래이다.
왜?
진정으로 사랑하는 사람을 앞에 두고 성욕性慾을 느끼지 못한다면 그것은 사랑이 아니라 탐욕貪慾에 불과하니까.

여자는 남자의 거양(巨陽, 거시기 큰 것)을 탐貪하고,
남자는 여자의 협음(挾陰, 거시기 좁은 것)을 좋아한다.

감태나무 : 매혹

💖 자식을 원하는 부부夫婦에게는 섹스가
즐거운 놀이가 아니라 임신妊娠을 위한 노동이다.

🌳 신라新羅에서는 색공지신色供之臣이라는 왕실의 성교육(性敎育)을
담당하는 여자 신하가 있었다.
어린 왕세자나 왕자들이 연상年上의 여성들과
결혼했을 때 아직 성性을 잘 모르거나, 알더라도
미숙未熟한 그들을 위해 색공지신이 자기 몸으로
온갖 성적 기교들을 가르쳤다고 한다.

👄 옷이 해지면 겹겹이 기우면 되지만, 마음이 해지면 시리고 아린
가슴을 사랑의 실로 기워야 한다.

능수홍매화나무 : 고결, 결백

- 키스는 사랑의 열쇠이고, 잔소리와 폭력暴力과 구타는 사랑의 자물쇠다.

- 피부 접촉皮膚接觸과 성 행동性行動은 인간의 심리에서 남자의 열정과 여자의 사랑을 생성하는 핵심核心이자, 사랑의 상처와 행복의 근원根源이다.

- 일일천추一日千秋란 '하루가 천년 같다'라는 뜻으로, 사모思慕하는 마음이 너무나 간절하고 애틋함을 말하는 것이다.

박태기나무 : 우정, 의혹

💖 몸을 가장 격렬激烈하고 역동적力動的으로 쓰는 순간은 사랑할 때다.

 전 세계 어느 나라에서나 경제經濟가 아무리 침체沈滯되더라도 변함없이 번창繁昌하는 것이 성매매性賣買다.
성매매는 불황이 없다.
우리나라 성매매 규모는 연간 40조兆에 이른다.

👄 성 표현性表現을 할 때 성적 행동性的行動을 섹스라고 하고, 섹스는 모든 창조創造의 근원根源이다.

산딸기나무 : 사랑, 질투

- 보고 싶다는 말에는 사랑의 모든 표현表現이 가득 담겨 있고, 애틋한 그리움이 녹아 있다.

- 유교儒敎에서는 혼례婚禮를 인간만세人間萬世의 시작이며, 예의禮儀의 근본이라고 못박고 있다. 이것은 생식숭배生殖崇拜 즉, 성性관념이 깊이 자리하고 있다는 방증傍證이다.

- 사랑의 댄스라 불리는 바차타bachata는 섹시한 댄스로 도미니카 공화국共和國에서 죽은 아내를 안고 춤을 추는 남성의 슬픈 이야기에서 시작되었다.

구상나무 : 기개

💘 성性이 불법적不法的으로 사용될 때는 인간의 마음과 육체肉體를 썩게 만든다.

🌳 못생긴 여자를 사랑하는 이유는 모성애母性愛탓이다.
엄마는 용모容貌나 몸매로 가늠되는 여자가 아니므로 모성애가 강한 여자는 비록 얼굴은 못생겨도 남자에게 사랑받는다.

👄 가슴 깊이 당신을 그리워하는 것은 간절懇切함이고, 바라볼수록 당신이 더 생각나는 것은 설렘이다.

능금나무 : 은화, 참애호자

사랑이란 육체와 영혼靈魂을 분리하여 생각할 수 있는 것이 아니라, 영혼과 육체가 하나 되는 것이다.

사랑의 정표情表인 키스가 음주 측정飮酒測定을 목적으로 시작되었다는 것은 놀라운 사실이다. 로마 시대에는 여성이 와인을 마시면 바람이 날지도 모른다는 속설俗說로 인해, 남자들이 여자에게 수시로 키스하며 음주 여부를 확인한 것이 키스의 유래由來중 하나가 되었다.

그리움의 깊이와 사랑의 깊이는 정비례正比例한다. 그리움이 깊으면 깊을수록 사랑도 깊어지니까.

꽃사과나무 : 유혹

질투嫉妬는 사랑한다는 부정적 표현이다.

남자의 욕구慾求 중에서 성욕性慾이 가장 크다.
성욕이 없다고 말하는 남자는 이미 남자의 기능을
상실했다는 것이다.

허무한 사랑, 풋사랑, 덧없는 사랑, 기쁨이란 꽃말을 가진
나팔꽃morning glory은 아침의 영광榮光이란 뜻도 담겨 있다.

왕팽나무 : 고귀함

사랑의 섹스는 몸 전체가 하나의 감각 기관感覺器官이 되어 모든 구멍으로 기쁨을 받아들인다.

 지속적인 성생활性生活은 건강健康에도 좋다. 성행위자체가 훌륭한 운동이기 때문이다. 그뿐 아니라 성행위는 숙면熟眠에 큰 도움을 줘서 불면증, 우울증을 비롯한 신경성 질환의 치유에도 큰 효과가 있다.

꽃잎에 새긴 사랑은 꽃 지면 시들고, 하늘에 새긴 사랑은 비 오면 지워지지만, 가슴에 새긴 사랑은 영원히 함께한다.

으름나무 : 단 하나 사랑

🔤 여자가 다시 태어나는 것은 대개가 사랑 때문이다.

🌳 섹스라는 단어_{單語}를 많은 사람들은 그저 성적 행위로 생각한다. 하지만 섹스에는 우리의 성_性의 모든 것이 담겨있고, 그 안에는 존중_{尊重}과 사랑, 이별_{離別}등 여러 가지 의미_{意味}가 들어 있다. 그림을 그릴 때 하늘을 파란색으로 칠하면 밝고 맑은 기분을, 회색_{灰色}빛으로 칠하면 우울한 기분을 나타내듯이...

👄 몸이 추운 것은 옷으로 감싸면 해결이 되지만, 마음이 추운 것은 오직 사랑으로 감싸야 해결이 된다.

팥꽃나무 : 신탁

💘 이 세상에서 가장 슬픈 여자는 가슴에 따뜻한 사랑이 없는 여자와 이미 마음이 늙어버린 여자다.

🌳 남녀가 만나서 하는 섹스는 자연自然스러운 사랑의 대화법對話法 가운데 하나이다. 사랑은 상대방을 아끼는 마음에서 시작始作하니까.

👄 아무리 영롱한 이슬도 가슴에 담으면 눈물이 되고, 아무리 예쁜 사랑도 지나고 나면 상처傷處가 된다.

황금매자나무 : 당신에게 도움이 될거야

🅛🅞🅥🅔 성性은 가장 숭고崇高하면서도 가장 추악醜惡하게 소모될 수 있는 속성屬性을 지니고 있다.

🌳 섹스는 사랑의 확인確認이면서 그 표현법表現法이었기에 오늘날 우리가 존재한다. 우리 인간은 모두 그런 과정을 통하여 삶이 시작되었다.

👄 칼에 베인 상처는 밖으로 나지만 사랑에 베인 상처傷處는 가슴속으로 스며든다. 그래서 사랑 때문에 생긴 상처는 약藥도 없다.

등골나무 : 주저

 댐은 수문水門을 열어야 물이 흐르고 사람은 마음을 열어야 사랑과 정情이 흐른다.

🌳 모계사회母系社會에서 수컷의 역할은 별로 없다.

영역領域을 지키고 짝짓기로 후손을 번식繁殖하는 일뿐이다.

수컷이 장식품裝飾品으로 전락한 이 시대의 남자들은 돈 벌어오는 일과 아내와 성행위를 할 뿐이다. 성행위도 남편의 쾌감快感을 얻으려는 것보다 아내의 성적 만족을 위해 봉사하는

개념概念으로 변해가고 있다.

고로 남자가 도구道具로 전락轉落한 것이다.

👄 도시都市와 도시를 연결連結하는 것은 길道이고, 사람과 사람을 연결하는 것은 사랑이다.

꽃아그배나무 : 산뜻한 미소

- 좋아하는 것은 감정感情의 흔들림이고, 사랑하는 것은 영혼靈魂의 떨림이다.

- 중국 당나라 현종은 양귀비楊貴妃가 목욕할 때 그녀의 벌거벗은 알몸을 감상하기를 유난히 좋아했다. 그래서 산시성山西省의 온천溫泉지역에 화청궁華淸宮을 지어 놓고 해마다 겨울이 오면 그곳에서 양귀비와 함께 보냈다.

- 남자의 성욕性慾은 재미와 즐거움만 있으면 되지만, 여자의 성욕은 행복幸福의 감정感情 또는 사랑의 감정을 회복하려는 욕구이다.

참싸리나무 : 은혜

🔠 사랑의 추억追憶들은 안아야 할 채움이고, 이별離別의
　　추억들은 털어야 할 비움이다.

🌳 남편男便은 영원한 하숙생下宿生으로 떠돌다 인생을 마친다.
　　하숙집은 여주인이 아무리 잘해줘도 남의 집이다.

👄 즐기는 것보다 더 위대한 스펙spec은 없다.
　　사랑도 즐겨야 이루어지고, 일도 즐겨야 성공成功하니까.

개잎갈나무 : 보고 싶은 아버지

🆎 사랑은 주는 사람과 받는 사람 모두가 행복幸福해지는 마법魔法을 지니고 있다.

🌳 사랑에는 감탄 부호感歎符號인 느낌표(!)도 있고,
덧셈부호(+)와 곱셈부호(×)도 있고, 쉼표(,)도 있지만,
마침표(.)는 없다.
왜?
사랑은 항상 처음이니까.

👄 아프리카 하우사족은 부모가 정해준 첫 남편과의 동거同居가 3년이 지나면 다른 남자를 만나 두 번째 결혼을 해도 무방하다.

수사해당화나무 : 산뜻한 미소

이슬람의 창시자創始者 무함마드는 겨우 6세 여자아이를 아내로 둔 사실이 있다.

남자에게서 여자, 여자에게서 남자를 만나는 것은 삶의 궁극적窮極的인 목적이다.
따라서 남자와 여자가 만나는 것은 벌, 나비가 꽃을 찾는 것과 똑같은 자연스러움인데 이 만남에서 인간의 역사歷史가 이루어진다.

사랑받지 못한 사람은 불운不運이고, 사랑하지 않는 사람은 불행不幸이라 했다. 열심히 사랑하고 열심히 사랑받으시길~

산복사나무 : 사랑의 노예, 희망

🔤 음식飮食은 소금으로 간을 맞추어야 하고, 사랑은 마음으로 간을 맞추어야 한다.

🌳 여자에게는 뱀의 유혹誘惑에 넘어가 죄罪를 저질렀던 원죄原罪가 있기 때문에 여자의 내부에는 유혹을 받고 싶어 하는 심리心理가 항상 교활狡猾한 뱀의 혓바닥처럼 날름거리고 있다.

👄 사랑의 비극悲劇은 죽음이나 이별離別이 아니라, 두 사람 중 어느 한 사람이 상대방을 사랑하지 않게 된 날부터 시작된다.

갈참나무 : 번영

 사랑할 때가 더 외로운 것은, 사랑을 갈구하는 욕심欲心때문이다.

🌳 좋은 사람을 눈에 담으면 사랑이 느껴지고,
좋은 사람을 마음에 담으면 온기溫氣가 느껴지고,
좋은 사람과 대화를 나누면 향기香氣가 느껴지고,
좋은 사람을 만나면 아름다운 인연因緣이 생긴다.

👄 여자 혼자서는 과거過去를 만들지 못한다. 남자들이 여자에게 과거를 만들어 주고 나서 여자의 과거를 문제 삼는다.
(웃기는 놈들)

붉은구상나무 : 기개

- 사랑할 때 배꼽 아래는 종교宗敎도 진리眞理도 필요必要 없다.

  － 이탈리아 속담 －

- 육체적肉體的 생존生存을 위해서는 음식물이 필요하고, 정신적精神的 생존生存을 위해서는 존경, 감사, 배려, 사랑이라는 따뜻한 마음의 자양분滋養分이 필수적이다.

- 여자는 일생을 통通해서 세명의 남자를 만난다.
  아버지, 남편, 아들, 즉 여자는 남자 없이 만족滿足한 삶을 살지 못한다는 뜻이다.

암매나무 : 고결, 결백, 정조

💖 밤은 깊을수록 별은 빛나고, 사랑은 깊을수록 믿음이 찾아온다.

 에로스Eros하면 성욕性慾적인 연애, 곧 섹스를 상상想像한다.
우리 사회에서 에로스는 무수한 오해誤解와 공정하지 못한 평가評價를 받아 왔다. 본디 에로스는 숭고崇高한 것이다.
우리가 인간으로 존재할 수 있는 것이 에로스로부터 비롯되었다. 사랑하는 두 남녀 혹은 부부간의 섹스는 그 자체로 신성한 것이며 당당하고 자연스러운 욕구慾求이다.

💋 연애戀愛는 전쟁戰爭과 같아서 시작하기는 쉽지만 끝내기는 어렵다.

사방오리나무 : 위로

🔠 성공成功하고 싶다면 사랑하는 사람을 찾듯이 사랑하는 일을 찾아야 한다.

🌳 분명히 사랑하는 것과 희미하게 사랑하는 것은 다르다.
분명히 사랑하는 것은 아름답지만 희미하게 사랑하는 것은 추醜한 계산計算이 들어가 있다.

👄 인간을 제외한 동물動物의 암컷 중에 월경月經을 하는 동물은 원숭이밖에 없다.

옥매화나무 : 고결, 충성

🅛🅞🅥🅔 사랑이라는 비밀秘密의 문은 세상을 아름답게 보는 사람에게만 열린다.

🌳 동서고금東西古今을 통하여 노녀老女 즉, 늙은 여자와의 동침同寢을 금하고 있는데, 이러한 사상을 '구약 성경'과 '이슬람 문화'에서도 찾아볼 수 있다. 다윗 왕이 늙자 어린 동녀童女를 구하였다는 기록이 있고, 아라비아 문헌에도 늙은 여자와 성교性交를 하는 것은 독극물毒劇物이 들어 있는 음식을 먹는 것과 같으므로 젊은 여성을 상대相對하라고 기록하고 있다.

👄 간섭干涉은 어긋난 굴레의 고통苦痛이다.
진정 사랑한다면 사랑하는 사람을 간섭하지 마시길.

덧나무 : 열심

🔠 사랑이 담긴 따뜻한 말 한마디는 그 어떤 열정熱情에 찬 서약誓約보다도 위대偉大하다.

🌳 사랑은 연민憐憫과 희생과 복종服從이 아니라, 존중尊重과 존경尊敬을 밑바탕으로 대등한 위치에서 이루어져야 하며, 강요하고 수탈하는 것은 사랑이 아니라 사랑의 식민 지배植民支配이다.

👄 사랑이 있는 곳에는 반드시 의사소통意思疏通이 있고, 사랑이 식은 곳에는 반드시 소통이 막혀 의사 불통意思不通을 이루고 있다.

왕자귀나무 : 환희, 설레임

🔠 영혼靈魂은 사는 곳에 있는 것이 아니라 사랑하는 곳에 있다.

🌳 부부夫婦의 섹스는 소통疏通과 친밀감을 크게 높여주는 사랑의 묘약妙藥이다. 부부의 섹스는 결코 남이 침범할 수 없는 독점적獨占的이며 법적으로나 윤리도덕적으로 아무런 억압抑壓과 제약이 없기 때문에 자유롭고 편안하면서도 큰 쾌감快感을 얻을 수 있는 최고最高의 사랑행위이다.

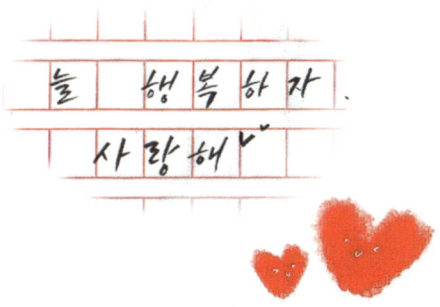

👄 질투嫉妬는 사랑의 자매姉妹이다. 악마惡魔가 천사의 형제兄弟인 것처럼.

화살나무 : 위험한 장난, 냉정

💖 스치면 인연(因緣)이 되고 스며들면 사랑이 된다.

🌳 아무리 옷을 입어도 사랑의 내의(內衣)를 갖춰 입지 않았다면 우리의 마음은 늘 추울 수밖에 없다. 사랑의 내의를 갖추어 삶의 한파(寒波)를 따뜻하게 보내자.

👄 사랑이라는 것은 그 사람이 사랑스러운 것이 아니라 그 사람을 바라보는 내 마음이 사랑스러운 것이다.

바늘까치밥나무 : 귀밥, 영명

💖 몸이 가는 길에 바람이 불면 흔들리지만, 마음이 가는 길에 바람이 불면 사랑이 시작된다.

🌳 양귀비楊貴妃의 음모陰毛는 무릎에 닿을 정도로 길었고, 섹스시 애액愛液이 넘칠 정도로 흘렀는가 하면, 거침없이 교성嬌聲을 질렀다고 기록하고 있다.

👄 이혼離婚은 성격性格 차이가 가장 큰 비중比重을 차지한다지만 실제적으로는 성격이 아니라 성적性的 차이라고 말하는 학자들이 많다.

병꽃나무 : 열정

🆎 산다는 것은 가슴에 사랑을 잃지 않는 것이다.

🌳 '사랑합니다. 감사합니다.'이 한마디가 우리들의 삶 전체를 아름답게 한다. 이 한마디를 제대로 하기 위해 우리는 배우고 일하고 사랑하면서 살아간다. 사랑과 감사感謝를 아는 사람에게는 다른 것을 요구할 필요가 없다. 사랑과 감사를 안다는 것은 삶을 깊이 이해理解하고 있다는 것이니까.

👄 빛은 어둠 속에서 광채光彩를 내뿜고, 말은 침묵沈默속에서 가치價値를 더하며, 사랑은 그리움 속에서 더욱더 애틋해진다.

금식나무 : 따라하지마.

🆎 욕정慾情은 성性에 대한 과식으로 결국 죽고 말지만,
사랑은 과식過食하는 법이 없다.

🌳 그리움에도 나이가 있다.
나이만큼 그리움이 온다.
그리움도 꼬박꼬박 나이를 먹는다.
그래서 우리들 마음 안에는 나이만큼 겹겹이 그리움이 쌓인다.

그립고, 그립다

👄 내가 사랑하는 만큼 너도 나를 사랑하라고 요구하는 것은,
조건條件이 붙기 때문에 사랑이 아니라 거래去來이다.

배롱나무 : 꿈, 행복

마음의 상처傷處를 치유治癒하는 것은 시간이 아니라 사랑이다.

육당 최남선은 여성의 쪽진 머리가 풀어지지 않도록 꽂는 장신구裝身具인 비녀는 남성의 생식기生殖器를 상징한다고 했다. 비녀머리가 뭉뚝한 것은 남자의 생식기를 연상시킨다는 것이다.

남녀가 만나 사랑하는 것이 보수保守라면 섹스는 진보進步다.

댕강나무 : 환영, 평안

💖 성공이라는 사랑의 못을 박으려면 정성(精誠)과 끈기라는 망치가 필요하다.

🌳 사랑하더라도, 미워하더라도 마음속에 오래 두면 안된다. 사랑이든 미움이든 마음속에 오래 두면 집착(執着)하게 되고, 집착하게 되면 그때부터 괴로움이 시작된다.

👄 섹스가 없는 부부(夫婦)는 어떠한 경우라도 만족(滿足)스러운 부부생활을 기대하기 어렵다.

백당나무 : 마음

결혼結婚은 연애戀愛의 무덤이 아니라 또 다른 연애의 시작이다.

사랑의 감기感氣를 두고 어떤 사람은 시련試鍊이라 하고 또 어떤 사람은 우울증憂鬱症이라고 한다. 사랑의 감기는 마음으로 안아주면 저절로 치유治癒된다.

애정愛情없이 사는 것은 돼지를 기르는 것과 같고, 사랑만 하고 공경恭敬하는 마음이 없는 것은 애완견愛玩犬을 기르는 것과 같다.

시무나무 : 위엄

 믿음을 받는다는 것은 사랑받는 것보다 더 큰 영광榮光이다.

황진이와 조선의 명名문장가 양곡 소세양의 만남,
소세양이 황진이에게 "榴(석류나무 류)"자 한 글자를 써서 연서戀書로
보내자, 황진이는 "漁(고기 잡을 어)"자 한 글자로 답신하였다.
소세양이 황진이에게 보낸 <석류나무 류>자를 한자로 쓰면
'碩儒那無遊' 즉, 큰 선비가 여기에 있으니 함께 놀아 보자는 뜻이고,
황진이가 보낸 <고기 잡을 어>자를 한자로 쓰면 '高妓自不語', 고귀한
기생은 스스로 먹히지 않으니 같이 있고 싶으면 당신이 오세요 라는
뜻이 된다. 이렇게 해서 두 사람은 석류나무 류榴자와 고기 잡을
어漁자로 만나 사랑에 빠졌던 것이다.

 최초最初의 삽입섹스는 상어의 조상뻘되는 원시 물고기였다.

좀참빗살나무 : 위험한 장난

♥ 소설小說이 역사歷史보다 재미있듯이, 사랑은 결혼結婚보다 재미있다.

🌳 남녀가 서로 사랑하여 육욕肉慾에 이르게 됨은 자연스러운 일이다. 육체적肉體的 관계가 없는 사랑은 사랑이 아니라 공상空想에 불과하니까.

👄 남자보다 여자가 몸에 털이 훨씬 적은 것은 여자가 먼저 진화進化했다는 증거證據이다.

오리나무 : 위로

❤️ 행복幸福과 사랑 속으로 걸어가면 인생의 모든 시간은 영원永遠하다.

🌳 몸 옆에 둔 사람은 떠나면 그만이고, 언젠가 떠날 사람이다. 하지만 마음 옆에 둔 사람은 떠나는 것이 아니라 잠시 떨어져 있을 뿐이며 평생平生 떠나지 않을 사람이다. 마음 옆에 둔 사람은 나도 아니고 너도 아닌 '우리'이기 때문이다.

👄 이해理解의 나무에는 사랑의 열매가 열리고, 오해誤解의 잡초雜草에는 증오憎惡의 가시가 돋아난다.

붉은병꽃나무 : 전설

 사랑은 행복幸福의 밑천이고, 미움과 원망怨望은 불행不幸의 밑천이다.

🌲 남자는 본능적本能的으로 자신의 유전자遺傳子를 널리 퍼뜨리기 위해 많은 여자를 찾는다.
남자는 '마음 따로 몸 따로'라는 말이 있다.
그것은 남자의 본능이자 성의식性意識의 본질이다.
우리는 이것을 성욕性慾이라고 한다.

👄 의학자醫學者들에 의하면 여자의 입 모양은 그 사람의 성기性器의 복사판複寫版이라고 말하고 있다.

사스레나무 : 당신은 소중한 한 사람

죽음을 두려워한다는 것은 아직 자기 자신을 사랑하고 있다는 증거證據다.

'아모르파티Amor fati'란 말은 독일의 철학자 니체가 최초로 사용한 단어다. '자신의 운명運命을 사랑하라'는 의미로 니체의 『즐거운 학문』, 『자라투스트라는 이렇게 말했다』에서 언급하고 있다.

인도의 록파족은 장남長男과 결혼結婚한 여자는 함께 사는 남동생들과 성관계性關係를 할 수 있다.

산괴불나무 : 사랑의 희열

🆎 사랑의 빚 외에는 아무 빚도 지지 않는 것이 행복幸福한 삶의 지름길이다.

🌳 섹스는 즐겁고 잠재적潛在的으로 건강健康에 좋은 활동이 될 수 있지만, 보호保護받지 못하는 섹스는 오히려 건강에 위험危險을 초래할 수 있으며, 섹스 파트너가 여러 명인 경우 성적 접촉을 하는 사람의 수를 줄여야 건강에 대한 위험을 낮출 수 있다.

👄 불은 빛의 모체母體이고, 사랑은 평화平和의 모체이다. 평화를 위하여 모든 이를 사랑하게 하소서.

마가목나무 : 조심, 신중

💖 사랑은 시그마(Σ)다. 나와 그녀 사이의 모든 것을 더(+) 해야 하니까.

🌳 내가 인간의 여러 언어言語를 말하고 천사天使의 말까지 한다 하더라도 사랑이 담기지 않는 말은 요란하게 울리는 징과 꽹과리에 불과하다.

― 고린도 전서 13장 1절 ―

👄 사랑은 믿음이라는 비타민을 먹고 자라지만, 의심疑心은 원망怨望과 상처傷處를 먹고 자라 결국 불행不幸의 나락奈落으로 떨어지게 된다.

조각자나무 : 소식

첫사랑은 누군가에게 설렘으로 가득하고, 짝사랑은 누군가에게 달콤하지만 쓸쓸하게 끝난다.

머리털은 성적性的인 상징성象徵性을 가지고 있다. 그래서 금욕생활禁慾生活을 강요당하는 세계에서는 머리를 깎는 관습慣習이 있다.

사랑에 빠지면 말을 안 해도 느낌이 오지만, 미움에 빠지면 말을 해도 못 알아듣는다.

후박나무 : 모정

 사랑은 종족 보존種族保存 욕구慾求에서 시작되었다.

🌳 물리학物理學 강의 도중 잠깐 숨을 돌리는 아인슈타인에게 한 학생이 질문質問했다.

"박사님, 박사님은 모든 물체物體사이에 작용하는 상대성 원리도 발견發見하셨고 수식화數式化하셨는데, 그렇다면 사람과 사람사이에 오가는 사랑도 방정식으로 표현表現하실 수 있습니까?"

잠시 생각하던 아인슈타인은 다음과 같은 사랑 방정식方程式을 만들어 냈다.

"가지 않으면 안 될 길을 마지못해 떠나가면서 못내 아쉬워 뒤돌아보는 그 마음! 갈 수 없는 길인데도 따라가지 않을 수 없는 간절한 마음! 그 마음이 바로 사랑이라고 합니다."

💋 향기香氣있는 사람은 세월이 흘러도 늘 그리움으로 남는다.

홍매화나무 : 고결, 정조, 인내

사랑은 물 같아서 어느 곳이나 정착定着한다. 이 그릇에 담아도 저 그릇에 담아도 딱 맞춤으로 자리를 잡는다.

카메룬 부족은 쇠붙이나 돌을 불에 달구어 봉긋하게 솟은 여자아이 젖가슴을 다림질하듯 문지른다. 이렇게 하는 이유는 다른 부족들로부터 성폭행性暴行과 여자 약탈掠奪을 막기 위해서다.

남자들이 끊임없이 여자들을 사냥하려고 하는 것은 원시조상原始祖上 남자들의 사냥꾼 DNA가 우리에게 유전遺傳되었기 때문이다.

회목나무 : 부귀

💟 그리움에는 계절季節도 자존심自尊心도 없다.

 이별離別로 가는 KTX를 타고 싶을 때! 상대에게.
- 얼굴이 밀가루 반죽이네,
- 얼굴이 하수종말처리장이네,
- 얼굴이 세숫대야네,
- 얼굴이 쓰레기 매립장이네,
- 이 세상 사람 얼굴이 아니네,
- 이목구비가 아수라장이네,
- 진짜 얼굴이 자유분방自由奔放하게 생겼네,
- 얼굴이 오늘내일하는구먼,
- 이목구비耳目口鼻가 민주주의네 등의 언어를 사용하면 확실한 이별이 기다리고 있다.

👄 사랑도 행복幸福도 모두 노력에서 오는 것이다.

졸참나무 : 번영

이 세상에서 첫사랑의 의식意識보다 더 신성神聖한 의식은 없다.

독일 노동시장 연구소IZA가 발간한 논문論文에 의하면, 섹스를 자주 하는 사람이 돈도 잘 번다고 기록하고 있다. 섹스야 말로 최고의 보양식保養食인 만큼 분투적奮鬪的으로 사랑하시길!

남자는 눈으로 연애戀愛하고, 여자는 귀로 사랑에 빠진다고 했다. 남자들이여! 아내에게 사랑받고 싶으면 달콤한 말을 많이 하시길!

가문비나무 : 성실, 정직

 믿음과 신뢰信賴는 나타나고 쌓이는 것이지만,
사랑은 스며들고 녹아드는 것이다.

🌳 우리나라 남자들의 성기는 발기勃起했을 때 12cm 정도이다.
처음 인류의 남자 성기性器크기는 침팬지와 거의 비슷하여
3~5cm에 불과하였지만, 여자의 성적 욕구欲求 즉, 성기가
큰 남자를 요구함으로써, 생물학적 진화론에 의하여 성기가
점점 크게 진화하였다.

👄 키스와 호의는 달콤한 것이지만, 키스에는 가시가 있고 호의好意에는
바늘이 있다.

조록싸리나무 : 생각이 나요

🔠 장점長點을 보고 반했으면, 단점短點을 보고 돌아서지 않는 것이 진실한 사랑이다.

🌳 강물은 흘러가는 법칙法則에만 익숙할 뿐 되돌아오는 법은 모른다. 그러나 사랑은 흘러갔다가도 '내가 잘못했다. 정말 미안하다'라고 먼저 선제공격先制攻擊을 하면 충실히 되돌아온다.

👄 여자의 지조志操는 남자가 빈털터리가 되었을 때 드러나고, 남자의 지조는 그가 모든 것을 다 가졌을 때 드러난다.
(머리가 아닌 가슴으로 사랑하라는 뜻)

말발도리나무 : 애교

💖 인연因緣은 하늘이 주신 것이고, 사랑과 행복幸福은 내가 만들어 가는 것이다.

🌳 늑대는 평생 한 마리 암컷과 사랑을 한다. 그러다 암컷이 먼저 죽으면 어린 새끼를 돌보다가 새끼가 성장成長한 후 수컷은 암컷이 죽었던 장소에 가서 굶어 죽는다. 또한 늑대는 부모를 봉양奉養하는 보은報恩동물이다. 그래서 여자들은 남자를 늑대라 한다. ㅋㅎ

💋 목숨까지 바쳐 암컷과 새끼를 지키기 위해 싸우는 포유류哺乳類는 늑대뿐이다. 그리고 늑대의 태양太陽은 바로 달이다.

산앵두나무 : 오로지 한사랑

💘 금슬지락琴瑟之樂이란 부부夫婦사이가 더없이 다정하고 행복幸福하다는 뜻이다.

🌳 백거이白居易 즉, 백낙천白樂天은 당 현종과 양귀비를 위해 지은 장한가長恨歌에서, 하늘에 있어서는 두 마리 새가 한 몸 되는 비익조比翼鳥가 되고, 땅에서는 두 나무가 한 몸이 되는 연리지連理枝가 되기를 바란다고 사랑을 노래하였다.

※ 백낙천白樂天(백거이白居易를 자字로 이르는 이름)

👄 – 비익조比翼鳥: 암컷과 수컷의 눈과 날개가 하나씩이라서 짝을 짓지 아니하면 날지 못한다는 전설상傳說上의 새이다. 부부 사이는 둘이 아닌 하나라는 의미로 아름다운 사랑을 뜻한다.

– 연리지連理枝: 두 나무가 서로 부둥켜안아 한 몸을 이루고 있는 것을 말한다. 화목和睦한 부부夫婦또는 애정이 넘치는 남녀男女사이를 비유比喩한 말이다.

호자나무 : 공존

🔤 행복幸福하게 살고 싶으면 주어진 몫만큼 기뻐하고 즐거워하고 사랑하면 된다.

🌳 비둘기 암컷은 수컷에게 헌신적獻身的으로 사랑을 주기만 하고 받지 못하여 사랑의 허기虛飢 때문에 속병으로 일찍 죽고 만다. 사랑받지 못한 비둘기 암컷은 애간장이 녹아 결국 창자가 모두 끊어져 죽는다.

👄 여자의 몸은 무쇠와 같아 둔탁하므로 뜨겁게 달구지 않으면 녹이 슬고, 사랑의 손길로 부드럽게 매만져주지 않으면 몸에 가시가 돋는다.

조릿대나무 : 청초, 겸손

LOVE 사랑하는 연인戀人들에게는 우주전체宇宙全體가 천국天國이다.

여자의 생식기生殖器를 옥문玉門이란 명칭으로 점잖게 표현表現한 것은 〈삼국유사〉기이紀異편에 기록된 것으로서, 신라 27대 선덕여왕 때 영묘사에 있는 연못을 옥문지玉門池로 표현한 것에서 유래되었다. 여자의 생식기를 비추屄, 음부, 하문下門, 여근女根, 소문小門 등으로 표현하기도 하며, 조개나 홍합에 비유比喩하기도 한다.

사랑은 행복幸福을 퍼 올리는 두레박이다.

쪽나무 : 친밀

사랑받지 못한다는 것은 자살행위自殺行爲이자, 범우주적汎宇宙的인 형벌刑罰이나 다름없다.

수정꽃水晶花은 천년에 한 번 핀다는 꽃으로, 꽃말은 청초淸楚한 사랑, 순수한 사랑이라는 뜻을 가지고 있으며, 신기하게도 물이 꽃잎에 닿는 즉시 투명하게 변해 반짝이는 수정처럼 되어버린다. 이런 신기한 현상 때문에 이 꽃을 '유령화 또는 해골화'로 부르기도 한다.

아이를 원願하되, 독신獨身을 고집하는 여자들이 늘고 있다. 그들은 좋은 남자를 찾기보다 좋은 정자精子를 찾고자 하기 때문이다.

소철나무 : 강한 사랑

LOVE 지구地球에 사랑이 존재하지 않는다면 지구는 거대한 무덤일 뿐이다.

🌳 삶에 빛을 주고, 향기香氣를 주고, 기쁨을 주고, 보람을 주고, 의미를 주고, 가치와 희망希望을 주는 것이 곧 사랑이다. 사랑은 우리 생활生活의 등뼈이자 기둥이다.

👄 진실眞實한 사랑은 도깨비 같은 것이다. 누구든지 사랑에 대하여 말하지만 지금까지 지구地球에서 살다 간 800억 명 중 사랑을 봤다는 사람은 단 한 사람도 없으니까.

미산딸나무 : 내 마음을 받아줘

💗 성욕性慾이 없으면 사랑의 시작도 없다.

세계 최초 계약 결혼契約結婚을 하였다고 떠드는 프랑스 철학자이자 노벨 문학상을 받았던 장 폴 사르트르와 그의 여인 시몬드 보부아르보다 무려 500년 앞선 조선 중종 때 선진관이었던 이사종과 황진이의 계약 결혼이야말로 인류 최초의 계약 결혼이다. 역사 속의 황진이와 함께한 남자들은 서화담, 이사종, 양곡 소세양, 이생, 송순, 벽계수 이종숙, 지족 선사였다.

황진이의 오만傲慢의 극치極致가 만들어 낸 송도 3절松都三絶은, 자신인 황진이, 스승인 화담花潭 서경덕徐敬德 그리고 박연폭포朴淵瀑布라 이름하였다.

💜 감사합니다. 💜 고맙습니다. 💜 사랑합니다.

시닥나무 : 예절과 덕성

💖 딸을 가진 엄마들은 국가 유공자國家有功者처럼 행세하고,
아들만 둔 엄마는 걱정이 태산이다.

🌳 요즘 세상은 사랑을 받아줄 대상對象을 만들기 위해 작업作業을 거는
경우는 드물고, 성욕性慾을 받아줄 대상을 만들기 위해 작업을 거는
경우가 태반이라고 하니,
속물 천국俗物天國~!

👄 목숨을 걸 만큼 소중한 사랑은 둘이 함께 있어서가 아니라 꼭 그
사람이 아니면 안 될 것 같은 간절함 때문이다.

소태나무 : 애교

💘 사랑은 결혼結婚의 새벽이고, 결혼은 사랑의 황혼黃昏이다.

🌳 조선 시대 최초로 폐세자廢世子가 된 양녕대군은 당시 종 2품(지금의 차관급)인 곽선의 첩이었던 어리를 비롯하여, 기생妓生 봉지련, 큰아버지 정종의 애첩愛妾이였던 초궁장과도 욕정慾情을 불태웠고, 평민 방유신의 손녀를 성폭행性暴行하였으며, 매형妹兄인 이백강(태종의 장녀 정순공주의 남편)의 첩 칠점생과도 간통하여 결국 이백강은 부끄러움을 견디지 못해 자살自殺하고 말았다.

👄 재물財物도 권력權力도 지위地位도 사랑에 비하면 쓰레기에 불과하다.

천리향나무 : 꿈결의 사랑, 달콤한 사랑

첫사랑을 오래도록 잊지 못하는 것은 사랑이 깊어서가 아니라 아쉬움 때문이다.

인간은 태어나면서부터 성적性的인 존재가 된다. 그리고 누군가와 사랑을 나누고 싶은 마음이 들면 자신의 유전자遺傳子를 퍼뜨리고자 하는 본능 즉, 섹스를 하고 싶어 한다.

러시아 격언格言에 의하면, 사랑과 달걀은 신선新鮮할 때가 가장 좋다고 했다. 늘 신선한 사랑을 하시길!

참회나무 : 짝사랑

이 세상에서 가장 불행不幸한 것은 너무 늦게 사랑을 깨우치는 것이다.

부국父國은 아버지 나라라는 뜻이고, 모국母國은 어머니 나라라는 뜻이다. 부국이라 하지 않고 모국이라고 하는 이유는, 어머니는 절대絶對 자식을 버리지 않기 때문입니다. 그런데 현실은?

평범平凡한 사랑은 상대가 눈앞에 없으면 의심疑心하고 결국 식어버리지만, 큰 사랑은 깊이 쌓인다. 바람이 불면 촛불은 꺼지지만, 큰 불은 더 세차게 타오르듯이 말이다.

개아그배나무 : 유혹

 사랑은 망원경望遠鏡을 통해 보고, 질투嫉妬는 현미경顯微鏡을 통해 본다.

 우리가 80년 산다고 가정할 때 29,200일 살고, 그중 하루 8시간 수면睡眠을 취한다고 하면, 활동活動시간은 고작 19,467일밖에 되지 않는다. 말이 필요 없다. 삶을 사는 동안 후회後悔없이 사랑하고, 후회 없이 많이 베풀어야 한다.

 고개 숙인 남자男子의 육체적肉體的 힘의 원천源泉은 비아그라이고, 행복한 삶인 정신적精神的 힘의 비아그라는 '사랑'과 '웃음'이다.

무환자나무 : 기다림

💘 사랑은 스스로 떠나가는 경우는 없다. 무관심無關心과 방치放置때문에 떠나가는 것이다.

🌳 지나간 사랑을 기억記憶한다는 것은 화장실에서 장미 향기를 불러일으키려고 애쓰는 것과 같다. 그래서 누군가 말했다. 과거過去는 다 써버린 쓰레기라고.

💋 연애戀愛의 주식시장株式市場에는 영원한 안정주安定株란 없으니, 연애하는 동안은 안정주인 '참사랑'만 해야 한다.

식나무 : 젊고 아름다움

🔠 사랑은 한 시간 한 시간 익어가면서도 한 시간 한 시간 식어가는 것이다.

🌳 사랑을 연구硏究한 세계적인 권위자 스턴버그에 의하면 사랑은 3가지 종류 즉 열정, 친밀감, 헌신이 있는데 그 중 가장 강렬强烈한 사랑은 성욕性慾으로써 이를 '열정熱情'이라고 정의定義하고 있다.

👄 연애戀愛는 성욕性慾과 아름다움과 사랑이 하나로 불타게 하는 신비神祕로운 힘을 가지고 있다.

보리수나무 : 결혼, 부부의 사랑

인간에게는 예술藝術이 있기 때문에 위대偉大하고, 사랑이 있기 때문에 거룩한 존재存在다.

남자의 성기性器는 발기勃起했을 때 5cm만 넘으면 성생활性生活에 아무런 지장이 없다고 한다. 그리고 사정射精할 때까지의 평균 삽입揷入시간은 5분에 불과하다.

천생연분

남자를 만드는 Y염색체染色體는 여자를 만드는 X염색체 보다 크기가 1/3밖에 되지 않는다. 이것은 태초太初부터 여자가 생명체生命體의 주역이었다는 것을 증명하는 것이다.

산황나무 : 발전

 사랑은 마음의 송곳이자 삶의 독毒이다. 그 마음의 송곳이자 삶의 독을 우리는 인생이라 부른다.

🌳 태아胎兒는 원래 여자다.
태아가 생명生命을 지니게 되면서 XX염색체에서
Y염색체染色體가 생성되면 남자(XY)로, Y염색체가
생성되지 않으면 원래대로 여자(XX)로 태어난다.

👄 봄 보지는 쇠젓가락도 자르고, 가을 자지는 철판도 뚫는다.
(봄은 여자의 계절이고, 가을은 남자의 계절이라는 뜻)

— 우리나라 속담 —

산벚나무 : 순결, 담백

💖 우리는 오로지 사랑함으로써 사랑을 배울 수 있다.

 외로움이 없으면 살아도 산 사람이 아니다.
외로움이 애절한 그리움과 사랑을 낳았고,
사람의 소중함을 알게 하였는가 하면,
모든 아름다운 예술藝術은 외로움 속에서 탄생誕生하였다.

👄 땅이 메마르면 물이 고이지 않듯이, 가슴이 메마르면 사랑이 고이지 않는다. 그리고 낭만浪漫이 없는 사람의 가슴에는 사랑이 싹트지 않는다.

천선과나무 : 풍요, 다산

🆎 가장 교만驕慢한 시간은 남을 깔보는 시간이며, 가장 아름다운 시간時間은 사랑하는 시간이다.

🌳 식음食飮은 한 달 정도 전폐全廢하면 생명이 끊어질 위기에 놓이고, 사랑은 사흘만 전폐해도 영혼靈魂이 소멸消滅할 위기에 처한다. 생명이 끊어지면 지구에서 존재 가치存在價値가 상실되지만, 영혼이 소멸되면 우주에서 존재가치가 상실喪失된다.

👄 사람은 누구나 사랑할 책임責任은 있어도 미워할 권리權利는 없다. 아무리 미워도 눈총 주지 마시길, 눈총도 총이니까.

아그배나무 : 온화

사랑愛, 행복幸福, 희망希望은 모두 임자가 따로 있는 것이 아니라, 가슴에 품는 순간 바로 당신이 임자다.

향기香氣나지 않는 과일은 벌레도 먹지 않는다고 했다.
그리고 머리와 입으로 하는 사랑은 향기가 없다.
사랑은 오직 가슴으로 할 때 향기가 난다.

돈은 사람을 멋지게 만들어 주고, 명예는 사람을 우아하게 만들어주지만, 사랑은 사람을 사람답게 만들어준다.

보리밥나무 : 부부의 사랑, 해탈

💖 사랑과 친절親切은 한 줌만 베풀어도 돌아올 때 이자利子가 붙어 한 말斗로 돌아온다.

🌳 이별離別이 정말 힘들다는 것은 헤어져서 힘든 것이 아니라 헤어져도 사랑이 그대로 남아있기 때문이다. 특히 고독孤獨이 쓰나미처럼 밀려오는 가을에는 이별하지 마시길, 너무 잔인한 형벌刑罰이니까.

👄 함께 식사食事하는 사람을 우리는 식구食口라고 한다. 또 다른 형태形態의 가족家族이라는 뜻이다. 음식飮食만 함께 먹는 것이 아니라 사랑도 함께 먹기 때문이다.

분홍괴불나무 : 인내

💖 사랑의 노예奴隷가 되더라도 사랑할 대상이 있다는 것만으로 그 사람은 행복幸福한 사람이다.

🌳 가을 단풍이 붉게 타는 이유는, 그리움이라는 상사병相思病에 걸렸기 때문이다. 노랑, 연분홍, 빨강 단풍 역시 그리움이 쌓여 아름답게 승화昇華된 모습이다.
나무도 그리움을 안고 사는데 하물며 인간이~

👄 인간 중에서 가장 비참悲慘한 인간은 밥을 굶는 인간이 아니라, 사랑에 굶주린 인간이다.

때죽나무 : 겸손

헤어짐은 사랑의 종착역終着驛이 아니라 또 다른 사랑의 시작始作이다.

장미薔薇는 대개 사랑 때문에 피 흘린 꽃이며, 사랑하는 사람이 죽어간 자리에 피어난 꽃이다. 오스트리아의 유명한 시인 '라이너 마리아 릴케'는 장미꽃 가시에 찔려 파상풍균破傷風菌에 의해 죽었다고 하니, 병들어 죽거나 늙어 죽거나 차에 치어 죽거나 물에 빠져 죽는 것보다는 훨씬 낭만적浪漫的인 죽음이 아닌가!

가장 순수純粹하고 순백하고 때 묻지 않은 사랑은 바로 첫사랑이다.

노박나무 : 명랑, 진실

사랑은 이기고 지는 게임이 아니라, 더 많이 사랑하는 쪽과 더 많이 지는 쪽이 승리자勝利者가 된다.

때를 놓치면 때가 낀다.
- 사랑해야 할 때 사랑하지 않으면 인생의 후회後悔라는 때가 끼고,
- 나누어야 할 때 나누지 않으면 탐욕貪慾의 때가 끼고,
- 놓아야 할 때 놓지 않으면 고통苦痛의 때가 끼고,
- 말해야 할 때 말하지 않으면 비겁卑怯의 때가 낀다.

사랑에 취하면 마음이 즐겁고, 성욕性慾에 취하면 육체肉體가 즐겁고, 사람에 취하면 영혼靈魂이 즐겁다.

물갬나무 : 노래

🆎 이 세상에서 최고의 복음福音은 사랑한다는 말이다.

🌳 신라 51대 진성여왕은 각간角干 위홍과 통정通情을 하다가 위홍이 죽자, 전국의 미소년美少年들을 궁중에 불러들여 음행淫行을 일삼았고, 섹스 파트너가 된 미소년들에게 요직을 줌으로써 이에 분개憤慨한 민심民心들이 각지各地에서 일어났다.

- 북원北原의 도적 양길의 부하 궁예가 후고구려를 건국하여 침범侵犯하였고,
- 견훤은 후백제를 세워 모반謀反을 도모하였다.

👄 사랑은 아픔 없이 태어나지 않는다.

꽃댕강나무 : 평안함

💗 내 마음에 당신 마음을 더하고, 빼고, 곱하고, 나누어도 '하나'라면 그것은 바로 사랑이다.

 사랑의 절대 법칙絶對法則

사랑한다는 말 뒤에는 영원한 혹은 영원히라는 말은 생략되어야 한다. 영원한 사랑은 존재하지 않기 때문이다. 그리고 사랑은 동사動詞이기 때문에 한곳에 머물기를 죽기보다 싫어한다. 움직여야 하니까.

👄 사랑이 머물다간 자리에는 아름다운 추억追憶이 남고, 욕심慾心이 설치다 간 자리에는 후회後悔만 남는다.

종가시나무 : 엄격

행복幸福을 찾아 나서는 모든 여정旅程은 결국 사랑을 찾아 나서는 길이다.

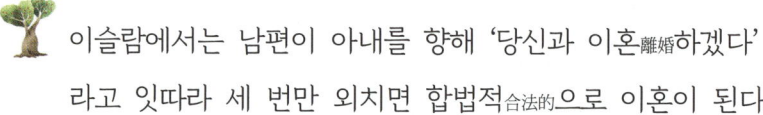

이슬람에서는 남편이 아내를 향해 '당신과 이혼離婚하겠다'라고 잇따라 세 번만 외치면 합법적合法的으로 이혼이 된다.

버논 박사에 의하면, 성애性愛로서의 키스를 많이 하는 사람은 그렇지 않은 사람보다 평균 5년 정도 오래 산다고 하였다.

먼나무 : 보호

💖 누군가의 뒷모습이 보이기 시작하면 사랑이 시작된 것이다.

🌳 마음속 깊이 생각하는 것은 간절懇切함이고, '사랑한다'라는 말 한마디 하지 않아도 빛나는 것은 당신에 대한 믿음이다.

👄 사랑한다고, 보고 싶다고 먼저 말하기 힘든 까닭은 바로 너와 나 사이에 자존심自尊心이라는 악마惡魔가 있기 때문이다.

개비자나무 : 사랑스런 미소

💖 사랑은 미소微笑로 시작하여, 관심關心으로 성장하며, 눈물로 끝을 맺는다.

🌳 단군신화檀君神話에 의하면 호랑이와 곰이 동굴에서 마늘과 쑥을 먹었다는 대목이 있다. 여기서 동굴은 바로 여자의 구멍 즉, 자궁子宮을 뜻하는 것이고, 마늘은 남자의 정력精力을 뜻하는 것이며, 쑥은 당시에는 최고의 약초藥草였다.

👄 지옥地獄이란 사랑할 수 있는 능력能力을 잃어버린 데서 오는 괴로움이다.

길마가지나무 : 소박함

 사랑은 다만 성욕性慾을 시적詩的으로 표현한 것이고,
키스는 성욕의 전초 단계前哨段階다.

🌳 중국中國의 먼바족門巴族은 일처다부제一妻多夫制다.
먼바족 여자들은 16세가 되면 건강健康한 청년 4~5명을 한꺼번에
데려와 결혼結婚할 수 있다.
잘생긴 청년, 튼튼한 청년, 섹스를 잘할 것 같은 청년 등,
아내는 4~5명의 남자와 결혼한 지 1년이 지나면 다시
4~5명의 새로운 남편을 맞이할 수 있다.

👄 아무리 힘들고 어려운 일이 닥쳐도 사랑하면 모든 것이 해결解決된다.
사랑은 점괘占卦도 초월하니까.

흰말채나무 : 당신을 보호해 드리겠습니다.

사랑하는 마음속에는 언어言語를 초월超越하는 연민憐憫의 정情이 숨겨져 있다.

마음의 밭에 사랑愛, 용서容恕, 감사感謝의 씨앗을 뿌리면 긍정肯定의 싹이 돋고, 미움, 분노, 시기, 질투와 같은 씨앗을 뿌리면 부정不正의 싹이 돋아난다.

질투심嫉妬心 속에는 사랑하는 마음보다 의심疑心과 의존依存하는 마음이 더 많이 포함되어 있다.

황금조팝나무 : 노련하다. 단정한 사랑

사람과 사람이 만나 정情으로 핀 사랑의 꽃은 삶의 의미가 함축된 영원히 시들지 않는 행복幸福의 꽃이다.

 여자가 남자보다 먼저 진화進化했다는 증거證據.
여자는 배설구排泄口와 생식구生殖口가 따로 구분되어 있는데, 남자는 하나뿐이라는 사실로 미루어 보더라도 여자가 남자보다 먼저 진화했다는 증거다.

내 마음에 당신 마음이 더해지면 그것은 '만남'이고,
내 마음에 당신 마음이 스며들면 그것은 '그리움'이다.

♥ 감사합니다. ♥ 고맙습니다. ♥ 사랑합니다.

무궁화나무 : 끝없는 꿈

🆎 우리는 사랑하고 사랑받기 위해 창조創造되었다.

 키스의 의미

- 입술에 하는 키스는 사랑愛
- 이마에 하는 키스는 우정友情
- 눈에 하는 키스는 희생犧牲
- 볼에 하는 키스는 감사感謝
- 손에 하는 키스는 존경尊敬
- 발에 하는 키스는 헌신獻身
- 귀에 하는 키스는 정열情熱
- 가슴에 하는 키스는 안식安息
- 배에 하는 키스는 평화平和
- 목에 하는 키스는 나는 당신을 원願한다는 뜻이다. 그리고 그 밖의 모든 키스는 미친 짓이다.

 사랑의 기쁨은 한순간이지만, 사랑의 괴로움은 영원永遠하다.

죽나무 : 누명

 사랑하다가 사라진 모든 것들에 대한 아쉬움을 우리는
추억追憶이라 부른다.

🌲 모든 것은 오래되면 변질變質되기 쉽다.

사랑도 오래되면 권태倦怠와 증오憎惡로 바뀔 수 있다. 하지만 명품名品사랑은 세월이 흐를수록 더욱더 빛이 난다. 늘 새것처럼 보인다. 오래될수록 더 반짝인다. 오래 볼수록 새롭다.

👄 사랑하니까 섹스를 하게 되고,
섹스를 하니까 더욱 사랑이 깊어진다.

풍년화나무 : 저주, 악령

동등_{同等}하지 않은 관계_{關係}를 동등하게 만드는 것은 사랑밖에 없다.

 미움은 늘 우리 주위_{周圍}를 서성이고 있다.
미움에 지배_{支配}받지 않기 위해서는 사랑으로 만든 지우개가 필요_{必要}하다. 사랑으로 만든 지우개는 미움의 그림자를 말끔히 지워버리니까.

연인_{戀人}들이 이별_{離別}하면서 흘리는 눈물의 의미는 앞으로 견뎌야 할 외로움 때문이 아니라 지나온 추억_{追憶} 때문이다.

유동나무 : 기름장수

💖 사랑은 세상의 모든 문門을 당신을 향向해 열리게 할 수 있는 만능萬能열쇠다.

🌳 올바른 섹스를 하면 질병疾病도 도망간다. 남성은 양陽, 여성은 음陰이기 때문에 음양을 교환交換해야 비로소 균형이 잡혀 건강健康하고 자연스러운 상태가 된다.

👄 뜨겁게 연애戀愛한다는 것은 그만큼 아픔을 동반同伴한다는 것이다. 헤어질 때!

털개회나무 : 아름다운 언약

LOVE 고독孤獨하다는 것은 사랑의 잔고가 없다는 확실한 징후徵候다.

🌳 천 년 이상 전해온 중국의 전족纏足은, 여성은 아이를 낳는 기계이자 남자들의 쾌락快樂의 도구에 불과하다는 것을 보여주는 것이다.
발크기가 3촌(9cm)에 불과하여 뒤뚱뒤뚱 걷게 되면 엉덩이가 크게 발달하여 남자들의 성적性的 욕구를 자극刺戟한다.

👄 남자의 미래未來를 쓴 매리언 살츠먼은, 남자들은 사랑, 도움, 섹스 그리고 위안을 얻기 위해 여자를 필요必要로 한다고 했다.

사스레피나무 : 당신은 소중한 사람

 사랑은 끓이는 것이고, 미움은 삭이는 것이다.

🌳 사랑은 그리울 때가 더 아름답다.
사랑은 애절哀切하게 보고 싶을 때가 더 아름답다.
사랑은 함께하는 행복幸福도 있지만 그리울 때가 더 아름답게 가슴 깊이 스며든다.

👄 사랑은 받을 때도 행복幸福하지만, 줄 땐 더욱더 행복해진다.

가시나무 : 엄격함

🔤 그리움이 물들면 사랑이 되고, 기다림이 물들면 아픔이 된다.

🌳 사람은 사랑받기 위해 창조創造되었고, 물건物件은 사용使用하려고 만들어졌다. 세상이 혼돈混沌에 빠진 것은, 명품 물건이 사랑받고 사람이 사용당하고 있기 때문이다.

👄 사랑의 꽃은 희망希望을 부르는 기쁨의 꽃이지만, 미움의 꽃은 절망絶望을 만드는 아픔의 꽃이다.

황매화나무 : 희망, 용기

🔠 실연失戀은 마음의 감기 같아서 시간이 흐르면 저절로 치유治癒된다.

🌳 사랑의 정의定義를 말이나 글로 표현이 불가능한 것은, 사랑에는 도무지 가늠할 수 없는 엄청난 크기의 여백餘白이 있기 때문이다. 사랑의 여백은 모든 허물을 덮고 용서容恕한다.

👄 사랑은 시각視覺과 청각聽覺에서 마음으로 번역飜譯된 무지개다.

은목서나무 : 유혹

💗 진정眞情한 사랑은 이해理解로부터 태어난다.

 섹스하다가 심장마비로 사망하는 것을 복상사腹上死라고 한다. 이는 쾌락快樂이 강력할 때 나타나는 현상으로 아내와는 복상사가 발생하지 않는 것이 특징特徵이다 이는 다른 여성에게는 강력한 쾌락을 느끼면서도 아내와의 섹스에서는 강력한 쾌감을 느끼지 못하기 때문이다.

👄 육신肉身은 은퇴隱退가 있어도 사랑은 은퇴가 없다.

가막살나무 : 죽음보다 강한 사랑

🔠 지난 사랑은 돌이킬 수는 없지만 돌아볼 수는 있다.

🌳 이해理解한다는 말은 사랑한다는 말보다 우리에게 더 크게 다가온다. 사랑해도 하나 되기가 어렵지만 이해하면 누구나 쉽게 하나가 될 수 있으니까.

👄 사람과 사람 사이에 가장 많은 오해誤解와 갈등葛藤을 촉발觸發 시키는 환각제幻覺劑가 사랑이다.

각시괴불나무 : 사랑의 인연, 변신

🆎 그리움은 그리울 때가 가장 아름답다.

🌳 '사랑, 감사感謝, 용서容恕, 화해和解' 이 4개의 열쇠만 가지고 있다면 인생의 어떤 고난苦難이 닥친다 해도 모든 것을 열 수 있는 인생 마스터키를 가지고 있는 것이다.

👄 사랑은 누군가에게 버림받음으로써 다시 태어나고, 누군가에게 잊혀짐으로써 새로운 의미意味가 되어 부활復活한다.

호랑가시나무 : 가정의 행복, 평화

🔠 진실眞實로 사랑하지 않는 사람은 상처傷處받지도 고통苦痛받지도 않는다.

🌳 두부 먹다가 생이빨 부러지는 소리라 할지 모르지만, 육체적肉體的인 사랑은 외형적外形的인 아름다움에서 비롯되고, 정신적精神的인 사랑은 내면적內面的인 아름다움에서 시작된다.

👄 살아있는 영혼에게는 죽음이 없듯이, 사랑하는 사람에게는 나이가 없다. 그리고 사랑하는 사람들의 시간은 영원永遠하다.

종려나무 : 승리

💖 모든 아름다움에는 사랑이 깃들어 있다.

🌳 연애戀愛가 있기 때문에 세상은 항상 신선新鮮하다. 연애는 청년靑年에겐 빛으로, 노인老人에겐 삶의 풍요豊饒를, 인생에겐 영원한 음악音樂을 가져다준다.

👄 "하늘을 봐야 별을 따지"라는 속담俗談은, 궁중宮中에서 임금으로부터 소외疏外된 궁녀宮女들의 입에서 나온 말에서 비롯되었다.

대팻집나무 : 행복한 가정

 사랑은 주식株式과 같아서 욕심慾心내면 손해를 본다.

여자의 가장 이상적理想的인 몸매 즉, 가장 성적으로
매력魅力있는 몸매는 가슴, 허리, 엉덩이의 비율이
36 : 23 : 36 인치(Inch)이다.
특히 성적 매력魅力을 느끼는 가장 이상적인 몸매는 허리와 엉덩이의
비율이 0.7 : 1 때이다.

사랑과 우정友情은 인간관계를 넘어서 영혼靈魂의 교감交感이며, 삶의
동반자同伴者다.

치자나무 : 순결

 마음 밭에 사랑을 심으면 그것이 자라나서 행복幸福의 꽃을 피운다.

조선시대朝鮮時代 여인들은 소박疏薄맞으면 갈 곳이 없었다. 그들 사이에 하나의 불문율不文律이 있었는데 그들은 밤에 옷고름을 나비 모양으로 만들어 서낭당 근처를 서성거리면, 나는 소박맞은 여자이니 납치拉致해도 좋다는 표시였다.

사랑에도 영화映畫처럼 NG(No Good)가 있었으면 얼마나 좋을까? 죄송합니다. 다시 할게요! 라고 하면 되니까.

비슬나무 : 위엄

진실(眞實)한 사랑은, 꽃보다도 미소(微笑)보다도 아름답다.

 우리는 사랑을 하고 사랑받아야 한다.

왜?

신(神)이 우리에게 부여(附與)한 특권(特權)이 사랑이니까.

고기는 씹을수록 맛이 나고, 책은 볼수록 그 맛이 다르며, 사랑은 깊을수록 감미(甘味)로운 맛에 취(醉)하여 영혼(靈魂)을 바보로 만든다.

감탕나무 : 평화

💘 가슴이 아니라 입으로 하는 사랑은 상대를 꼬시기 위한 작전상의 '화장발 언어'다.

🌳 인연因緣은 노력努力이 90%, 우연偶然이 10%다. 아무리 좋은 인연도 서로의 노력 없이는 오래갈 수 없고, 아무리 나쁜 인연도 서로 노력하면 좋은 인연이 된다.

👄 이슬람에서는 결혼結婚전 순결純潔을 매우 중요시하여 신부新婦가 숫처녀가 아니면 명예살인名譽殺人 즉, 가족에게 죽임을 당한다.

수수꽃다리나무 : 우애

💗 떠난 사랑이 아름다운 것은 그리움이 있기 때문이다.

🌳 빗물은 옷깃을 적시지만 쏟아지는 그리움은 가슴을 적신다. 빗물에 젖은 옷깃은 말릴 수가 있지만 그리움에 젖은 가슴은 벗을 수도 말릴 수도 없다.

👄 시기猜忌와 질투嫉妬가 떠난 자리에는 사랑과 너그러움이 찾아온다.

가래나무 : 지성

 중국中國에서 조개를 생산生産과 풍요豊饒의 상징으로 여기는 것은 여자의 성기와 흡사하기 때문이다.

🌳 바보 멍청이의 오행시五行詩

바 : 바라보고 있어도
보 : 보고싶어 죽겠어
멍 : 멍하니 하루 종일 생각나고
청 : 청승맞게 가끔 눈물도 나
이 : 이것이 혹시 사랑인 거니?

👄 마음이 초조하고 불안不安한 것은, 가진 것이 없고 만날 사람이 없어서가 아니라 가슴에 사랑이 없기 때문이다.

순비기나무 : 총명

🔤 사랑이 없는 곳은 죽음보다 더 깊은 고독孤獨만 있을 뿐이다.

 사랑한다면서,
- 사랑을 주지 않고 받기만 하려는 것은 <도둑놈 심보>
- 사랑을 준 만큼 반드시 돌려받으려고 하는 것은 <장사꾼 마인드>
- 사랑을 준 것보다 더 받으려는 것은 <투기꾼 심리>
- 사랑받을 생각 없이 한없이 베푸는 것은 <진심으로 사랑하는 사람>

진정眞情한 사랑이란 모든 기준점基準點을 내가 아닌 사랑하는 사람에게 맞추는 것이다.

👄 젊어서는 사랑으로 살고, 늙어서는 정情으로 산다.

양백당나무 : 겸허, 성실

💖 사랑은 계절季節의 도움 없이 자라나 스스로 피어나는 유일唯一한 꽃이다.

🌳 우리는 사랑하는 사람과의 섹스를 통해서 이 땅에 태어났고, 죽을 때까지 성적性的인 관계 속에서 성적인 존재存在로 살아간다. 그래서 사랑과 섹스는 최고最高의 인문학人文學이다.

👄 사서삼경四書三經의 하나인 중용中庸에 의하면 성性은 천명天命이라고 하고 있다. 즉, 인간의 성욕性慾은 하늘의 뜻이라는 것이다.

죽단화나무 : 숭고, 기다림

🔤 의심疑心은 사랑의 독극물毒劇物이다.

🌳 에로스eros란 말은 그리스 신화神話의 에로스 신에서 유래된 이래 '사랑'의 뜻으로 널리 쓰이게 되었다. 보통 아가페agape라는 말과 비교되어 후자는 정신적精神的인 사랑을 가리키고, 에로스는 육체적 정열 즉, 성적性的인 사랑을 뜻한다.

👄 인류人類가 옷을 입기 시작한 것은 약7만 년 전이다. 당시 빙하기氷河期여서 추위에 견디기 위해 동물의 털과 가죽을 이용한 것이 옷의 시초이다.

곰의말채나무 : 당신을 보호해 드리겠습니다.

키스의 어원은 산스크리트어의 '껴안는다'는 뜻을 가진 쿠스〈kus〉에서 유래되었다.

 그리움이란?

마음 안에 있는 간절懇切한 소망所望과 한 사람에 대한 기다림의 시작이 바로 그리움이다.

사랑했던 사람이 어느 날 갑자기 헤어지자고 할 때 내가 싫어졌냐고 물어보지 마시길, 사랑할 때도 이유가 없었으니까.

쉬땅나무 : 신중, 진중

우리나라 고려시대 목욕탕沐浴湯에는 남녀 혼탕混湯이 보편화되어 있었다.

 건강健康한 육체肉體를 지닌 사람이란
- 사랑이 몸에 배어 있는 사람,
- 웃음이 얼굴에서 떠나지 않는 사람,
- 감사感謝한 마음이 가득한 사람을 말한다.

일본日本 기모노는 중국 당唐나라 시대의 양식樣式에서 유래된 것이다.

겹황매화나무 : 숭고, 기다림

💖 사랑이 힘들고 아프고 괴롭다는 것은 순수하다는 증거證據다.

🌳 누에나방을 원잠아原蠶蛾라고 하는데, 교접交接을 하지 않은 수놈을 종이에 싸서 불에 구워 머리, 날개, 다리를 떼고 먹으면 성욕性慾 결핍에 특효라고 방중술房中術에는 기록하고 있다.

👄 돈을 잃으면 자유自由의 일부一部를 상실喪失하고,
건강健康을 잃으면 생활生活을 상실하지만,
사랑을 잃으면 존재存在를 상실한 것이다.

두메오리나무 : 위로

♥ 사랑의 아픔이 깊으면 깊을수록 삶도 깊어진다.

 사랑은 서로 배려配慮하고 존중하며 평등한 위치에서 바라보는 마음이다.

사랑Love이란 ?

- 'L'은 listen : 조건條件없이 상대의 말을 귀담아듣고 그의 마음을 헤아리는 것,
- 'O'는 obligate : 서로 감사感謝하는 마음을 지니고 더 큰 사랑으로 보답報答하는 것,
- 'V'는 valued : 서로 존중尊重하는 마음으로 소중히 여기고 아낌없이 격려激勵하는 것,
- 'E'는 excuse : 실수失手와 잘못을 너그럽게 용서容恕해 주는 것이다.

'사랑합니다. 고맙습니다. 감사感謝합니다'란 말은 영적靈的인 언어言語이다.

산분꽃나무 : 수줍음

🔤 사랑을 갈망渴望하는 것은 혼자보다 둘이 있으면 덜 외롭기 때문이다.

🌳 여자에게는 어여쁨, 고상함, 우아함 등 수많은 매력魅力이 있지만 가장 근본적인 매력은 역시 성적 매력이다. 그것은 남자의 관심關心을 끌어 짝짓기에서 다른 여자들보다 유리한 위치에 설 수 있는 본능本能이기 때문이다.

👄 우리 삶의 모든 무게와 근심, 걱정과 고통苦痛으로부터 해방解放시키는 하나의 낱말이 있다면 그것은 바로 사랑이라는 단어다.

줄댕강나무 : 환영, 평안함

사랑과 이별_{離別} 사이에 존재_{存在}하는 것을 우리는 세월_{歲月}이라고 부른다.

 사랑의 역설

- 사랑의 고뇌_{苦惱}처럼 달콤한 것은 없고,
- 사랑의 슬픔처럼 즐거운 것이 없으며,
- 사랑의 괴로움처럼 기쁨도 없고,
- 사랑하다 죽는 것처럼 행복_{幸福}한 것 또한 없다.

벌Bee은 살기 위해 하늘을 날고, 물고기는 살기 위해 헤엄을 치며, 사람은 살기 위해 사랑해야 한다.

개산초나무 : 어리석음을 안다. 지혜

사랑은 결합結合이고, 미움은 결별訣別이다.

사랑의 상처傷處와 흔적痕跡은 아름답고 아름다운 것이다.
상처가 없다면 그리움도 없으니까. 그리움을 위해서라도 가끔은
상처를 받아 가며 사랑해야 한다.

오늘을 사랑하지 않는 사람은 머리가 텅 빈 미인과 같아서, 밝은
내일이란 시간은 희망希望의 눈길을 보내지 않는다.

아왜나무 : 지옥에 간 목사

🆎 미움은 결코 미움으로 없어지는 것이 아니라 사랑으로 없어지는 것이다.

🌲 육체적 건강肉體的健康과 더불어, 마음과 생각과 영혼靈魂의 건강을 위해 꼭 필요必要한 세 가지의 약藥은,
- 사랑 Love
- 웃음 Laughter
- 감사 Thanks 이다.

영혼과 마음과 생각과 육체가 골고루 건강한 사람이 진정眞情한 건강미健康美를 갖춘 사람이라 할 수 있다.

👄 키스의 기원起源은, 어미가 새끼에게 입을 통해 먹이를 먹여 주던 행동에서 비롯되었다.

홍가시나무 : 검소

 금전金錢과 쾌락快樂 그리고 명예名譽만 사랑하는 사람은 어느 누구도 사랑할 수 없다.

애무愛撫란 사전적 의미로는 이성異性을 사랑하며 어루만짐으로 되어있지만, 진정한 애무의 뜻은 서로 사랑을 확인確認하고, 육체적肉體的 정신적精神的 교감을 이루어, 존중尊重을 바탕으로 하는 일종의 사랑 행위行爲를 말한다.

그리운 사람을 그리워하는 것은 아직 몸에 사랑의 감각感覺이 생생히 살아 있다는 증거證據이다.

왜철쭉나무 : 사랑의 즐거움, 줄기찬 번영

성표현性表現을 할 때 성행동性行動을 우리는 섹스라고 한다.

방중술房中術에서는 여성을 먼저 쾌락快樂의 정점頂點에 이르게 하라고 가르치고 있다. 때문에 전희前戲는 성교의 필연적 조건이다. 여성이 쾌락의 정점에 달해야 애액愛液이 샘솟고, 그 애액을 받음으로 인하여 남자는 장수長壽를 추구할 수 있다고 믿었던 것이다.

끝난 사랑에 미련未練이 남았다는 것은 사랑하는 동안 최선最善을 다하지 않았다는 것이다.

♥ 감사합니다. ♥ 고맙습니다. ♥ 사랑합니다.

벽오동나무 : 사모, 그리움

이 세상의 모든 남녀의 사랑은 성욕$_{性慾}$이라는 본능$_{本能}$을 근거$_{根據}$로 하고 있다.

 성씨 강$_{姜}$씨는 양 양$_{羊}$자와 계집 여$_{女}$자를 합친 글자로서, 사람과 짐승(양)의 성행위$_{性行爲}$인 수간$_{獸姦}$에 의해서 태어났다는 뜻이다.

진정한 사랑에는 진실$_{眞實}$이 넘치고 있지만, 날조$_{捏造}$된 사랑에는 성욕$_{性慾}$으로 가득 차 있다.

명자나무 : 평범, 조숙

💗 사랑은 지배支配하는 것이 아니라 재배栽培하는 것이다.

🌳 사람마다 누구나 한 권의 경전經典을 가지고 있는데 이 경전은 종이나 활자活字로 된 것이 아니라서 펼쳐보아도 한 글자도 보이지 않지만 항상 우리 마음속에서 환한 빛을 발하고 있다.
이것이 바로 사랑의 마음이다.

👄 양귀비楊貴妃는 미모美貌로 나라를 흔들고 짧은 생生(37세 사망)을 마쳤지만 사랑에서 만큼은 누구보다 성공한 여자다.

목백일홍나무 : 부귀

 처용가處容歌는 대담한 신라 여인들의 성적 탈선脫線을 고발한 것이다.

영웅호색英雄好色이라 했던가.
권력權力을 향한 뜨거운 욕망慾望은 남자를 영웅으로 만들기도 하지만, 그 욕망이 여자에게 향하면 패가망신敗家亡身의 지름길이 된다.

★ 여자 때문에 인생 망친 놈들 ★

- 니체와 루 잘로메   - 마오쩌둥과 장칭   - 헨리 8세와 앤불린
- 히틀러와 에바 브라운   - 나폴레옹과 조세핀   - 당 현종과 양귀비

일체一切를 주어도 일체를 거부拒否당해도 언제까지나 변하지 않아야 진정한 사랑이다.

고로쇠나무 : 영원한 행복, 소중한 추억

🆎 사랑한다는 것은 고뇌苦惱와 계약契約을 맺는 일이다.

🌳 섹스는 자연自然의 이치이기 때문에 어지간해서는 거역하지 못한다. 신라 선덕여왕善德女王은 자장이라는 명승을 곁에 두고 주옥같은 부처님의 말씀을 매일 듣고도 육체적인 외로움을 달래지 못하여 뭇 사내들과 섹스를 즐겼다.

👄 여자들이 왼손 넷째 손가락에 결혼結婚반지를 끼는 의식은 독립獨立의 포기抛棄와 순종順從의 의미를 갖고 있다.

자목련나무 : 존경, 숭고한 사랑

💗 사랑한다는 것은 눈물 나는 열정熱情이 함께 한다는 것이다.

🌳 과거過去의 사랑이 아무리 아름답다고 해도 그것은 이미 지나간 일이다. 지나간 사랑에 연연하지 마라. 가슴만 아플 뿐이다. 사랑은 지금只今이 중요하다. 지금 하는 사랑에 최선을 다해야 한다.

👄 임신妊娠할 때 임姙자는 계집 여女에 맡길 임壬 즉, 아기는 여자에게 맡긴다는 뜻이다.

꽝꽝나무 : 참고 견디어낼 줄 아는

- 여자가 섹스를 하는 궁극적窮極的 목적은 오르가슴orgasme을 얻기 위함이다.

- 중국中國 속담에 의하면, "여자는 사랑하는 남자에게 팬티끈을 내리고, 남자는 자기를 알아주는 사람을 위해 목숨을 버린다"라는 시쳇말이 있다.

- 최선最善의 사랑은 자신의 영혼靈魂까지 아낌없이 모든 것을 줄 수 있어야 하고, 다시 태어나도 다시 선택選擇할 수 있는 사랑이다.

후추나무 : 온화, 희생

 사랑은 인간의 궁극적窮極的 목적目的이다.

오상五常의 도道

여자가 자신의 성기性器를 명기로 단련鍛鍊시키는 노력이 성생활의 매너manner라면, 남자가 지켜야 할 매너가 바로 '오상五常의 도道'이다.

- 남자가 여자에게 베풂(전위, 후위)을 주려고 하는 것은 인仁
- 남자의 성기 한가운데가 텅 비어 있는 것은 의義
- 남자 성기 끝에 마디가 있는 것은 예禮
- 교접交接할 때 낮은 곳에서 우러러 쳐다보는 것은 지智
- 성교하고 싶다고 생각하면 일어나고, 하고 싶지 않을 때 일어나지 않는 것은 신信의 도道이다.

넉넉한 사랑을 받고 싶다면 자신이 먼저 넉넉하게 주어야 한다.

너도밤나무 : 번영

💖 사랑이 떠나버린 텅 빈 집은 사막沙漠과 같고, 사랑이 식어 버린 가슴은 얼음처럼 차다.

🌳 미꾸라지와 뱀장어는 유명한 스테미너 식품食品이며, 잉어는 남자의 정자精子를 평상시보다 10배 증가增加시켜 준다고 했다. 우리나라에서 정력精力과 관계있는 탕湯종류가 성행한 것은 삼천 궁녀를 거느린 백제 의자왕 때부터이다.

👄 사랑에는 그림자처럼 따라붙는 못된 마음이 있는데 그것은 바로 질투심嫉妬心이고, 질투는 사랑을 따라다니는 악마惡魔다.

함박꽃나무 : 수줍음

🅛🅞🅥🅔 사랑은 인생人生이다. 따라서 사랑을 놓치면 인생을 놓치게 된다.

🌳 남자男子가 여자女子를 사랑하고, 여자가 남자를 사랑하는 이유는, 하느님께서 아담이 깊이 잠들었을 때 그의 갈비뼈 하나를 떼어내어 이브를 만들었기 때문에, 애초에 하나였던 자신의 분신分身을 찾기 위해서다.

👄 사랑은 본질적本質的으로 무엇에 의지意志하고 싶어 한다. 혼자는 너무 외롭기 때문이다.

뇌성목나무 : 매혹, 사랑의 고백

💖 사랑은 돌이나 쇠가 아니라 감정感情이기 때문에 혼자 있기를 죽기보다 싫어한다.

🌳 인간의 삶에서 섹스가 차지하는 지위地位와 영향影響은 실로 막대莫大하다. 섹스는 가정家庭을 이루고, 사회를 지탱支撑시키며, 국가를 이끌어 나간다. 따라서 섹스는 곧 인간 존재의 의의意義이며, 역사歷史 그 자체自體이다.

👄 사랑은 마음을 풍요豊饒롭게 하기 때문에 모든 것을 포용包容하게 하고, 이해理解하게 하고, 용서容恕하게 하고, 자신이 가진 것을 주게 한다.

좀작살나무 : 총명

- 섹스는 건강健康과 사랑의 기교技巧이자, 애정愛情의 최고最高 경지境地이다.

- 중국中國의 은나라 주왕 때 주지육림酒池肉林이라는 고사성어를 만들게 했던 달기妲己는 금모구미金毛九尾 즉, 여우의 화신化身이라 일컬었으며, 결국 국가는 물론 자신도 망쳤다.
(자나 깨나 여자 조심)

- 원숭이가 교미交尾에 앞서 입맞춤을 한다는 사실을 보면 태고적太古的부터 성애性愛로서의 키스가 있었음을 짐작할 수 있다.

물푸레나무 : 겸손, 열심

💖 물은 쏟으면 줄고 정情은 쏟으면 불어난다.

사람의 신체 변화 身體變化

- 피부세포는 28일,
- 피血는 120일,
- 손톱, 발톱은 180일,
- 뼈와 근육은 200일 만에 완전히 바뀐다.

즉, 1년이 지나면 예전의 그 여자 그 남자가 아니다.
완전完全히 다른 사람과 살고 있다.
새로운 남자 새로운 여자하고 산다고 생각하면 행복幸福하다.

💋 사랑과 미움은 사람의 마음 밭에서 공생共生하는 꽃이다.
그래서 사랑하는 마음이 있으면 미워하는 마음도 있기 마련이다.

단정화나무 : 사랑, 우정, 순결

 사랑한다는 좋은 생각은 마음의 근육이자 힘이 된다.

열정적熱情的인 성애性愛의 키스 한 번에 3.8kcal의 에너지를 연소燃燒시킨다. 무병장수無病長壽와 날씬한 몸매를 원하시면 열심히 애정愛情의 키스를 많이 하시길!

 사랑은 로맨스다.
사랑은 혼자 이루어지지 않는다. 로맨스도 혼자 이루어지지 않는다. 사랑하는 사람이 있어야 이루어진다.

자귀나무 : 가슴의 두근거림, 환희

■ 사람은 정情으로 사귀고, 귀신鬼神은 떡으로 사귄다.

■ 고려의 대문장가 이규보는, 여자의 아름다운 눈은 칼이고,
초생달 같은 눈썹은 도끼이며, 풍만한 젖가슴은 독약毒藥이고,
박속같은 흰 피부는 의어(衣魚, 좀)라고 한 것은,
도끼로 치고, 칼로 찌르고, 보이지 않은 가운데 남자 인생에 좀을
슬게 하고, 독약 같은 해를 끼친다는 것이다. (미인을 경계하라)

■ 인정人情도 품앗이다.
(가는 정이 있어야 오는 정이 있다는 뜻)

개다래나무 : 꿈꾸는 심정

🆎 님이 있으면 금수강산錦繡江山이고,
　　님이 없으면 적막 강산寂寞江山이다.

🌳 사랑의 문門은 세상을 아름답게 보는 사람에게 열리고,
　　희망希望의 문은 오늘을 성실誠實히 사는 사람에게 열린다.

👄 섹스는 존재存在의 내밀內密한 소통疏通이다.
　　이 소통은 너무나 격렬激烈해서 숨이 막힌다.

개가죽나무 : 누명, 이명

 부정적否定的인 사람은 가슴에 사랑이 없기 때문이다.

영혼결혼식靈魂結婚式,
1980년 5.18 광주 민주 항쟁民主抗爭 당시 시민군의 대변인代辯人이었던 윤상원이 사망하자 당시 연탄가스 중독中毒으로 사망한 여성 노동운동가와 영혼결혼식을 올렸는데 이때 노래굿 '넋풀이'가 <임을 위한 행진곡> 이였다.

사랑은 인생의 소금이다.
음식飮食을 만들 때 소금을 넣지 않으면 맛이 없듯이, 삶의 소금인 사랑이 없으면 인생은 산 송장이 된다는 뜻이다.

돌가시나무 : 하얀 미소

꿀은 달콤하지만 벌은 침을 가지고 있다. 여자도 마찬가지다.

인간의 성적 활동性的活動을 당당하고 솔직하게 다루고 있는 '킨제이 보고서'에 의하면 남녀 간 오르가슴에 도달到達하는 평균시간은 남자는 5분, 여자는 14분으로서 약 9분의 차이가 난다고 한다. 이 격차隔差을 줄이고 남녀가 함께 성적 기쁨인 멀티multi 오르가슴의 세계世界에 익숙해지면 인간이 느낄 수 있는 최고最高의 순간, 삶에서 가장 행복幸福한 순간을 경험하게 된다고 이야기하고 있다.

사랑이 있는 곳에는 죄罪가 없다.
사랑하는 것은 무죄無罪이니까.

가막살나무 : 사랑은 죽음보다 강하다.

🔤 사랑은 노인老人의 얼굴도 빛을 나게 하며, 적막寂寞한 무덤에도 광채光彩를 나게 한다.

🌳 고려高麗의 충혜왕忠惠王은 부왕인 충숙왕의 후궁들 즉, 서모庶母들과 외숙모 등을 성폭행性暴行하였고, 조선朝鮮의 연산군은 큰어머니를 비롯한 숱한 백성들의 부녀자를 성폭행하는 패륜悖倫을 저질렀다.

👄 사랑은 모든 가슴을 채우는 공기와 빛이며, 삶을 아름답게 만드는 희망希望을 나르는 천사天使다.

매자나무 : 까다로움

💖 사랑은 전등電燈불이 아니라 촛불과 같아서 가꾸지 않으면 쉽게 꺼지고 만다.

🌳 사랑은 가슴에 새기는 것이 아니라 머리에 새겨야 한다. 가슴에 새기면 지울 수가 없어 너무나 아리고 쓰리지만 머리에 새기면 추억追憶 속으로 사라진다.

👄 음악音樂은 사랑의 음성音聲이기 때문에 세상을 아름답게 한다.

피나무 : 부부애

정의正義, 자비慈悲, 동정심同情心은 사랑의 자식들이다.

우리 사회에서 섹스가 무수한 오해와 공정하지 못한 평가를 받는 것은, 섹스가 지닌 쾌락성快樂性 때문이다.

세상은 사랑에게서 아름다움을 빌려 왔고, 천국天國은 사랑에게서 그 영광榮光을 빌려왔다.

회양목나무 : 참고 견뎌냄

 사랑은 아픈 마음을 치유治癒하고, 병病든 몸도 낫게 한다.

🌳 BC 8세기경 이탈리아 중서부에 에트루리아Etruria민족이 있었다. 에트루리아 법에서는 남자들은 모든 여자를 공유共有한다고 명시되어 있어서 곧 성의 천국이었다. 여성들의 성행위는 자유분방自由奔放함은 물론 다른 사람들이 보는 앞에서도 거리낌 없이 성행위性行爲를 즐겼다.

👄 중국中國의 성교본性敎本인 소녀경素女經은 소녀素女라는 여자의 이름을 따서 붙여진 것이다.

석류나무 : 성실함, 고결한 사랑

💖 러시아의 상트페테르부르크Saint Petersburg 궁전宮殿은 '성 베드로의 도시'라는 뜻이다.

🌳 옛 문헌文獻에 의하면, 귀신과 정사情事하여 아이를 낳았다는 기록이 심심찮게 나오는데 의가醫家에서도, 귀신의 아이를 귀태鬼胎라 하여 정식으로 인정했다. 그래서 귀신을 아버지로 둔 아이를 귀동鬼童이라고 불렀고, 이후 자손이 귀한 집의 아이를 귀동貴童 또는 귀녀貴女라고 부르게 되었던 것이다.

👄 사랑은 아무리 보잘것없는 것도 기쁨으로 바꾸고, 왕王이라도 평범平凡한 인간으로 돌아가게 하는 마술사魔術師다.

까마귀밥나무 : 예상

LOVE 결혼結婚은 사랑과 성性의 결합結合이다.

🌳 아내가 힘들고 어려울 때는 남편과 섹스를 하고 나면 마음이 편안便安해진다. 그래서 남편은 아내가 힘들어할 때 섹스를 하려고 하는 경향이 강해진다.

👄 사랑은 보는 것이 아니라 보여지는 것이다.
눈이 아니라 마음으로 봐야 보이니까.

금목서나무 : 진정한 사랑, 첫사랑

🅛🅞🅥🅔 '사랑'이란 두 글자는 완성된 한 편의 시詩다.

🌲 이 세상에 존재存在하는 어떤 인간도 사랑 없이는 행복幸福할 수 없다. 사랑하라는 말은 행복하라는 말과 동일同一하다. 그래서 돈 없는 것이 죄罪가 아니라 가슴에 사랑 없는 것이 죄다.

👄 남녀 간에 사랑은 결코 버릴 수 없는 모든 예술적藝術的 테마이자 인류人類 공통共通의 자산資産이고 유산遺産이다.

♥ 감사합니다. ♥ 고맙습니다. ♥ 사랑합니다. 207

물박달나무 : 장엄

🆎 자신을 사랑하는 사람은 적敵이 없다.

🌳 성숙成熟되지 못한 사랑은 '나는 당신이 필요하기 때문에 당신을 사랑해'라고 말하며, 성숙한 사랑은 '나는 당신을 사랑하기 때문에 당신이 필요해'라고 말한다.

👄 풍년豊年, 풍어豊漁, 다산多産을 상징象徵하는 줄달리기시합은 성性 샤머니즘shamanism에서 파생派生된 놀이이다.

가새뽕나무 : 지혜, 못이룬 사랑

🔤 사랑은 제일 먼저 가정家庭에서 시작된다.

🌳 사랑할 줄 아는 사람은 바보를 천재天才로 만들고, 고장 난 세상도 고칠 수 있는 기술자技術者가 된다.
(평강 공주와 바보 온달을 생각해 보시길)

👄 사랑과 증오憎惡는 똑같은 것이다. 단지 사랑은 적극적積極的이고, 증오憎惡는 소극적消極的인 것에 불과不過하다.

💜 감사합니다. 💜 고맙습니다. 💜 사랑합니다.   205

정향나무 : 위엄

💗 사랑이란 인간의 근원根源적인 감정感情이다.

🌳 히스테리Hysterie의 어원은 여자의 자궁子宮이라는 말에서 파생되었고, 히스테리란 '자궁의 요란스러운 소리'라는 뜻이다.

👄 사랑은 물질物質을 기초로 한 사치奢侈스러운 정신精神이자, 예술적藝術的 아름다움이다.

오색동백나무 : 전설

💗 인생에는 단일單一한 색色이 있다. 그것은 사랑이라는 색이다.

🌳 사랑에 싫증을 느끼게 되면 상대방이 부정不貞을 저지르는 것을 기뻐한다.
왜?
자신이 정절貞節을 지키지 않아도 되기 때문이다.

👄 남자는 고귀高貴한 여성女性을 사랑하게 됨으로써 비로소 자신의 가치價値를 깨닫게 된다.

까마귀베개나무 : 영원히 당신의 것

 사랑은 그 시초_{始初}가 너무나 아름답기 때문에 결말_{結末}은 늘 쓸쓸하다.

원시인류_{原始人類}의 여자는 성기_{性器}가 큰 남자를 우량_{優良}한 수컷으로 인식했고 그런 남자를 짝짓기 상대로 선택_{選擇}하였기 때문에 남자의 성기가 크게 발달하였다.

사랑은 사랑하고 있는 한 용서_{容恕}한다.

꽃개회나무 : 추억, 품격

 사랑에는 경험經驗이란 것이 없다. 왜냐하면 그때는 이미 사랑하고 있지 않기 때문이다.

🌳 미미微微한 사랑을 한다는 것은 살아있다는 것이 아니라 시들어간다는 것이다.

👄 사랑의 본질本質은 성욕性慾이다.
성욕이 없었다면 우리는 이 세상에 존재存在하지 못했으니까.

대왕참나무 : 번영

LOVE 사랑이 담긴 언어言語는 인격人格의 핵심核心이다.

🌳 남자는 사랑받고 있는 줄 알면 기뻐하지만, 그렇다고 번번이 '나는 당신을 사랑합니다'라는 말을 들으면 진절머리를 내고 만다. 그러나 여자는 말마다 '당신을 사랑합니다'라는 말을 듣지 못하면 혹 남자의 마음이 변變하지 않았나 의심疑心을 품는다.

👄 진실眞實한 사랑은 시간이 지날수록 더욱 강強해진다.

구실잣밤나무 : 남자의 향기

💘 혼자 사는 여자의 사랑은 결핍缺乏의 고통苦痛이고,
부부夫婦의 사랑은 그저 습관習慣이다.

🌳 정열情熱적인 사랑을 해보지 못한 사람에게는 인생의 가장 아름다운
절반折半이 사라진 것이다.

👄 사랑하는 사람과 섹스하지 않으려고 참는 것은 범죄犯罪를 저지르는
행위行爲와 같다.

말오줌때나무 : 열심

🔤 아무리 강強한 우정友情이라도 강도强度가 약한 사랑 정도程度밖에 되지 않는다.

🌳 성씨姓氏할 때 성姓자는 계집 여女라는 부수에 태어날 생生이라는 의미를 가지고 있다. 이것은 성씨 성姓자라는 문자가
만들어질 당시 자녀가 어머니 성을 따랐다는 증거證據이자,
곧 모계사회였다는 것을 분명히 밝혀 주는 증좌證左다.

👄 인류人類가 오늘날 이 땅을 지배支配하고 살 수 있는 원동력原動力은, 종족유지 본능本能인 남녀 간의 섹스 때문이다.

눈주목나무 : 고상함

💗 그림을 그리는 예술藝術이 눈에서 시작하듯이,
　사랑 역시 눈으로부터 시작始作한다.

🌳 여성이 가장 격렬激烈하게 사랑하는 것은 최초最初의 애인愛人이지만,
　그녀가 가장 잘 사랑하는 것은 항상 최후最後의 애인이다.

👄 우주宇宙를 단 하나의 인간으로 압축壓縮시키고, 단 하나의 인간을
　신神으로까지 확대擴大시키는 것은 사랑뿐이다.

백일홍나무 : 웅변, 꿈, 행복

 진실眞實한 사랑은 신神이 오로지 사람에게만 준 선물膳物이다.

섹스도 요리料理와 마찬가지다.

날마다 변화變化하는 요리처럼 섹스도 약간의 변화만 주면 얼마든지 새로운 기분을 느낄 수 있다.

그리고 남자가 조금만 배려配慮하고 도와준다면 질膣 오르가슴만 느끼는 여자를 질과 클리토리스clitoris 오르가슴 즉, 멀티 오르가슴을 느끼게 할 수 있다.

사랑할 기회는 지금 즉, 오늘뿐이다.

오늘 미소微笑 짓는 꽃이 내일은 시들 수도 있으니까.

복장나무 : 약속

🆎 사랑을 두려워함은 인생人生을 두려워함이다.

🌳 사랑에 빠지게 되면 뇌腦에서 여러 화학물질들이 분비分泌되는데, 그중 페로몬, 도파민, 노르에피네프린, 세로토닌, 옥시토신, 바소프레신 등 중추 신경을 흥분시키는 각성제覺醒劑가 분출된다.
사랑하는 사람과 껴안거나 단순히 애인의 사진을 보는 것만으로도 체내에서 옥시토신이라는 호르몬이 분비되어 두통頭痛에 대한 진통제 역할을 한다.

👄 사랑하라! 인생에 있어서 좋은 것은 사랑뿐이다.

멀꿀나무 : 애교, 즐거운 날

LOVE 결혼結婚은 사랑의 열매다.

🌳 남녀가 섹스를 원하는 것은 후손後孫을 남기려는 생식 본능 즉, 종족 보존種族保存의 본능이다.
따라서 남자에게 사랑은 본질적本質的으로 성적性的 기대감이다.

👄 아무리 읽어도 싫지 않은 것은 사랑하는 사람의 마음이 깃든 편지이다.

홍화산사나무 : 유일한 사랑

보답報答받지 못하는 사랑이라고 할지라도 아름다운 무지개를 가지고 있다.

중국中國의 고대 의학서醫學書에 의하면, 여자의 옥문玉門과 겨드랑이의 털은 부드럽고 촉촉해야 하며, 누런 색깔의 털과 붉은 털은 남성의 몸을 손상損傷시킨다고 기록하고 있다.

사랑을 할 수 없다는 마음은 인간으로서 최대의 불행不幸이며 비애悲哀가 아닐 수 없다.

월계수나무 : 승리, 열망

💗 첫사랑은 남자의 일생一生을 좌우左右한다.

🌳 남자가 어떤 여자를 사랑한다는 것은 결국 그 여자와
'자고 싶다. 섹스하고 싶다'라는 속마음의 다른 표현表現일 뿐이다.
"남자는 섹스를 위해 사랑하고, 여자는 사랑을 위해 섹스한다."

💋 종鐘은 누가 울리기 전에는 종이 아니듯,
사랑도 누구에게 주기 전에는 사랑이 아니다.

개살구나무 : 독립

💖 간절함과 집요執拗함과 쓸데없이 아픈 마음의 정서情緖는 사랑의 집착執着에서만 발생한다.

🌳 유교儒教의 경전經典에는 성적性的 중요성을 솔직히 인정認定하는 구절句節이 있다. 예기禮記에 의하면 식욕食慾과 성욕性慾은 인간의 중요한 욕망이라고 기록하고 있으니까.

👄 우리나라 여자들 질膣의 평균 깊이는 8cm, 남자의 성기性器의 크기는 평균 12cm로서 자궁子宮까지 압박壓迫하게 된다.

좀쉬땅나무 : 신중, 진중

💖 키스는 사랑의 열쇠이나, 음탕淫蕩한 키스는 죄악罪惡의 열쇠다.

🌳 웃음은 평생 복용服用해야 할 건강식품健康食品이고, 사랑은 없어서는 아니 될 필수 아미노산이며, 믿음은 매 순간 마셔야 하는 생명수生命水이다.

👄 오래도록 잊지 못하고 그리움으로 남는 사랑은 사랑이 깊어서가 아니라 아쉬움 때문이다.

다정큼나무 : 친밀

🆎 입술을 맡긴 여자는 모든 것을 맡긴 여자다.

전쟁戰爭터에서 군인들이 성性관계를 하면 정자 배출精子排出량이 3배나 더 많다고 한다. 그것은 전투 중에 죽을지도 모른다는 압박감壓迫感 때문에 압도적으로 많은 정자를 배출해서 반드시 자신의 유전자遺傳子를 퍼뜨리려는 본능本能에서 일어나는 현상이다.

👄 처녀處女의 입맞춤보다 맛있는 것은 없다.

참가시나무 : 엄격

🔠 연애戀愛는 달리는 마차가 일으키는 먼지와 같아서 쉬이 사라진다.

 연애戀愛에는 네 가지 다른 유형類型이 있다.
- 정열情熱 연애
- 취미趣味 연애
- 육체肉體 연애
- 허영虛榮 연애

👄 동물動物의 수컷들은 오직 자신의 유전자遺傳子만 퍼뜨리게 하려는 독점 욕구獨占欲求가 강하다.

엄나무 : 경계, 방어

♥ 사랑이 없는 곳에는 악惡한 운세運勢만 존재存在할 뿐이다.

🌳 사랑은 주는 것이라 말하지만 거기엔 묘한 기다림이 있다.
   허기虛飢인지 목마름인지 모르지만 그 기다림이 길면 속병이 생긴다.

👄 사랑의 유효기간은 자연自然의 법칙法則을 따르고,
   인간은 자연으로부터 절대로 벗어날 수가 없다.

층꽃나무 : 허무한 삶

💖 사랑은 나뭇잎과 같아서 언제 떨어질지도 모른다.

🌳 사랑에 임자가 어디 있으며, 사랑에 주인主人이 어디 있는가? 품으면 임자요, 주인이다. 사랑하고픈 이가 나타나면 사랑하라. 인생은 촌음寸陰 즉, 아주 짧다고 하였다.

👄 사랑과 섹스는 부부夫婦의 필수 조건必須條件이다.

꼬리조팝나무 : 은밀한 사랑

섹스Sex는 마약痲藥과 같아서 보다 강强한 자극刺戟을 요구하는 성질性質을 가지고 있다.

 눈꽃은 차가울수록 아름답고,
사람의 마음은 따뜻할수록 아름답다.

가장 배우기 어려우면서도 아주 쉬운 기술은 사랑하는 기술이다.

후피향나무 : 정이 가득한 집

🅛🅞🅥🅔 이별離別은 새로운 사랑이 나타난다는 유일唯一한 알림이다.

🌳 사랑이 태어나는 이유는 단 한 가지, 사랑하는 이유밖에 없지만 사랑의 죽음 즉, 이별離別에는 수만 가지 이유가 있다.

👄 사랑이라는 생명生命의 촛불이 타오르는 순간부터 사랑이라는 생명은 서서히 시들기 시작한다.

산철쭉나무 : 사랑의 즐거움

 하늘에 핀 꽃을 별이라 하고, 우리들 가슴에 핀 꽃을 사랑이라 한다.

남자에게 사랑은 성적性的 기대감이다.
사랑을 하면 설렘과 그리움이 커지는 것도 성적 기대감이 크기 때문이다.

사랑은 위대한 의사醫師이다.
어떤 견디기 어려운 슬픔도 치료治療해주니까.

벌나무 : 맹신

🔠 사랑의 끝은 이별離別이고, 이별의 끝은 새로운 사랑의 탄생誕生이다. 이것은 정해진 사실이다.

🌳 남자가 여자의 젖가슴을 무척 좋아하고 집착執着하는 이유는, 엄마의 젖을 물고 어루만졌던 향수鄕愁를 여자에게서 느끼려고 하기 때문이다.

👄 조선朝鮮시대 남자들은 여성들에게 '열녀烈女'라는 허울을 덮어씌워 성적 본능인 에로스eros를 억제抑制시켰다.

삼색병꽃나무 : 전설

🔤 삶에 있어서 사랑과 성욕_{性慾}은 아름다움의 극치_{極致}이자, 즐거움의 극치이다.

🌳 '사랑해'란 말 중에서 첫 글자인 '사'는 죽을 사_死를 쓰고, 두 번째 '랑'은 너랑 나랑 할 때 랑이며, 마지막 글자인 '해'는 같이해 할 때 해다. 즉, '사랑해'란 말은 너랑 나랑 죽을 때까지 함께 하자는 뜻을 가지고 있다.

👄 인간_{人間}은 사랑이 없으면 성적_{性的} 행위에 완전한 만족_{滿足}을 느낄 수 없다.

물참나무 : 독립, 용기

💘 남자가 다른 여자에게 관심關心을 가지는 것은 새로울수록 쾌감快感이 크기 때문이다.

🌳 문학에서 90%는 사랑을 말한다. 사람들은 항상恒常 사랑 이야기에 취해 있다. 그런데도 늘 사랑에 허기虛飢져 목마름을 외치는 것은 사랑보다 성욕性慾이 더 많은 부분을 차지하기 때문이다.

👄 남자의 눈은 싱싱한 꽃봉오리를 꺾는다.
그리고 시든 꽃은 외면外面한다.

아구장나무 : 노력, 열열한 사랑

💗 웃음은 영혼靈魂을 붙잡을 수 있는 사랑의 그물이다.

🌳 로맨스Romance의 대왕이라는 애칭愛稱으로 불리던 조선시대 성종成宗은 누구보다도 여색女色을 좋아하는 임금이었다.
하지만 "과부재가금지법寡婦再嫁禁止法"이라는 악법을 만들어 여성에게 성적 족쇄足鎖를 채웠던 것이다.

👄 사랑의 갈증渴症을 느낄 때는 바로 낭만浪漫이 생명수生命水다.
사랑은 애당초 낭만의 강가에서 피어난 한 송이 꽃이니까.

지렁쿠나무 : 동정, 열심

 행복幸福해지려면 돈, 권력權力, 명예名譽가 아니라 사랑으로 채워야 한다.

그리움은 보랏빛 노을 같은 감상感想도 아니고, 사랑하는 사람과 떨어져 있기 때문에 오는 대중가요大衆歌謠 조의 외로움도 아니다. 발가벗은 자신과 마주 서 있는 데서 오는 전율戰慄 같은 것이다.

사랑은 종합 예술綜合藝術이다.
왜?
사랑하는 일보다 더 진실眞實한 예술은 없으니까.

탱자나무 : 추상, 추억

의심疑心이 자리 잡은 마음에는 사랑이 깃들지 못한다.

섹스sex라는 영어 단어는 14세기에 성경聖經을 영어로 처음 번역하면서, 구약 성경 <창세기>에 나오는 노아의 방주에 암컷과 수컷을 한 쌍씩 배에 태우는 대목에서, 암수로 나누어진 상태를 표현表現하기 위해 처음 사용되었다.

연애戀愛는 남녀 다 같이 더 성숙하기 위해서 필요한 것이다.

녹나무 : 신선

🆎 열정熱情은 증오憎惡를 사랑으로 바뀌게 한다.

🌳 섹스는 두 사람 모두 의무감義務感없이 할 때 진정한 만족감滿足感을 준다. 섹스를 일종의 거래로 생각하는 숫놈들이 있다.
섹스는 보상補償처럼 얻는 개념이 아니라, 서로가 원할 때 자연스럽게 이루어져야 행복幸福을 느낄 수 있다.

👄 떠난 사랑을 치료治療하기 위해서는 다른 사랑을 더 많이 사랑하는 것 외에는 치료약治療藥이 없다.

붓순나무 : 달콤한 유혹

💖 여자가 성행위性行爲를 통해 얻을 수 있는 최고最高의 만족감은 오르가슴orgasme이다.

🌳 여자는 남자에게서 받은 상처傷處는 용서容恕할 수 있지만, 자신의 사랑을 이용利用하는 것은 절대 용서하지 못한다.

👄 대부분의 여자들은 남자의 키가 커야 성적으로 매력魅力을 느낀다.

💜 감사합니다. 💜 고맙습니다. 💜 사랑합니다.

애기닥나무 : 당신에게 부를 드려요.

사랑에 빠진 사람에게는 만유인력萬有引力도 통하지 않는다.

휴대폰이나 수첩手帖에 적힌 이름으로 싸우지들 마시길 제발, 그건 아무것도 아니다. 진짜 중요重要한 것은 다른 곳에 있다. 좋아하는 사람의 이름은 휴대폰 안에 있고 사랑하는 사람의 이름은 휴대폰 밖에 있다. 좋아하는 사람의 이름이 문자로 기록記錄될 때 사랑하는 사람의 이름은 마음에 기록된다. 휴대폰 혹은 수첩에 적힌 죄 없는 사람들 이름에 난도질하지 마시고, 심장에다 불을 질러라, 그러면 술 한잔 없이도 술술 불 것이다.

얼마나 많이 주느냐보다, 얼마나 많은 사랑을 담느냐가 더 중요重要하다.

괴불나무 : 사랑의 희열

🔠 사랑은 세상을 아름답게 하지만, 예의禮儀는 사람을 사람답게 만든다.

🌳 사랑한다는 것은 이해理解가 아니라 상상想像의 날개에 편승便乘한 찬란한 오해誤解다.
 "나는 당신을 죽도록 사랑합니다"라는 말의 정체正體는 곧 "나는 당신을 죽도록 오해합니다"이다.

👄 인생의 세 가지 상비약常備藥은 사랑, 웃음, 감사感謝이다.

은매화나무 : 사랑의 속삭임

🅻🅾🆅🅴 사랑은 죽지 않는 유일한 영생永生이다.

🌳 사랑은 재미있는 것을 보면 같이 보고 싶어지고, 맛난 음식이 있으면 같이 먹고 싶어지지만, 성욕性慾은 다른 일을 하다가도 상대의 벗은 몸매가 생각나는 것이다.

👄 사랑할 때의 오르가슴orgasme은 갈망渴望의 극치極致와 달성하려는 상상想像의 교차점에서 생긴다.

곰딸기나무 : 존중

🔠 세상世上에서 가장 큰 사랑은 한결같은 마음이다.

🌲 그리움을 아는 자만이 자신의 행복幸福에 감사感謝할 줄 안다. 그래서 가끔은 외로워한다. 나이 들수록 삶이 허전한 이유는 가슴 저린 그리움이 없기 때문이다.

👄 섹스에는 인격人格도 자존심自尊心도 종교도 필요하지 않다.

산닥나무 : 명랑

🔤 외로움과 사랑은 쌍둥이다. 단지 서로가 모르고 있을 뿐이다.

🌳 사랑은 유통기한流通期限만 있는 것이 아니라 골든 타임golden time도 있다. 그리고 사랑의 시간은 우리의 <게으름>을 기다려 주지 않으니 사랑하고픈 사람이 나타나면 지금 바로 사랑해야 한다. 내일은 사랑하고 싶어도 사랑할 수 없을지 모르니까.
러시아의 대문호大文豪 톨스토이는 "사랑을 미루지 말라"라고 하지 않았던가.

👄 칫솔을 같이 쓸 만큼 허물없이 사랑하는 사람이라 할지라도 그는 결국 타인他人이다.

비목나무 : 아픈 기억, 일편단심

 삶의 길을 밝히는 등불이 사랑이다.

🌳 사랑은
늘 배고프고,
늘 목마르고,
늘 외롭다고 한다.
왜?
더 사랑하고 싶어서...

👄 사랑은 언제나 받는 순간에 되돌려 주는 독특(獨特)한 성질을 갖고 있어 넘쳐나는 커다란 에너지가 된다.

회화나무 : 망향

💖 사랑의 그릇은 채우므로 채워지는 것이 아니라, 비움으로써 채워지는 것이다.

🌳 사랑은 순우리말이 아니라, 한자어漢字語 상량商量(헤아려서 잘 생각함)이 변한 말이다. 사랑의 순우리말은 '헤아리다.'
즉, 상대의 마음을 세심히 헤아리고 이해理解한다는 뜻에서 나온 것이다.

👄 미망인未亡人이란 남편과 함께 죽어야 할 몸이 아직 살아 있다는 뜻으로 남존여비男尊女卑의 극치極致를 말하고 있다.

덤불오리나무 : 위로

🆎 사랑은 호기심에 가깝기 때문에 몇 십 년 이상의 긴 사랑을 거부拒否한다.

🌳 세계 인구 81억여 명 중 남녀 합하여 매일 2억 명이 섹스를 한다. 그리고 그 가운데 99% 이상이 쾌락快樂을 얻기 위한 것이고, 나머지 1% 정도가 후손後孫을 얻기 위함이다. 하지만 동물動物의 짝짓기는 거의 100% 종족 보존種族保存을 위한 행위이다.

👄 사람은 잘 태어났어도 결혼結婚을 잘못하면 모든 것이 허사虛事이다. 결혼이 인생의 핵심核心이라는 뜻이다.

복조대추나무 : 처음 만남

💗 사랑은 닫힌 마음을 열어서 둘이 하나로 연결 시켜주는 마법魔法의 열쇠다.

 인생의 잔고殘高 중에 남겨야 할 세 가지
첫째 : 가족家族에게는 사랑과 그리움을,
둘째 : 친구親舊에게는 웃음을,
셋째 : 세상에는 감동感動을 남겨야 한다.

👄 눈물의 무게를 서로의 눈빛으로 덜어주는 것이 부부夫婦의 정情이자 사랑이다.

망개나무 : 장난

💘 연애戀愛의 시작은 성적性的 호감을 느끼는 것에서 출발出發한다.

🌳 얼굴과 몸매에 홀리는 것이 사랑의 동기 유발動機誘發 요소다. 하지만 이런 사랑은 순도純度 100%의 사랑이라기보다는 성욕에 더 가깝다.

👄 여자들이여!
힘들여 몸을 젊게 하려고 애쓰기보다 마음을 젊게 가져야 한다.
마음이 젊어지면 모든 것이 저절로 젊어지니까.

비자나무 : 소중, 사랑스러운 미소

💖 남자의 첫사랑을 만족滿足시키는 것은 여자의 마지막 사랑뿐이다.

🌳 섹스sex를 의미하는 한자는 색色이지만, 우리는 섹스를 표현表現하기 위해 성性이라는 말을 사용한다. 성性은 마음 심心과 날 생生이 합쳐진 것으로 타고난 마음 즉, 천성天性을 뜻하는데, 언제부터인지 섹스를 의미하는 단어單語로 사용되고 있다.

👄 남자의 재혼再婚 이유 1위는 성욕性慾해소이고, 여자의 재혼이유 1위는 생활고生活苦해결이다.

털댕강나무 : 영원한 사랑, 평안함

섹스sex는 분할을 의미하는 라틴어 섹수스<sexus>에서 나왔다.

남남이 만나 부부夫婦가 된다는 것은 사랑받으려는 것이 아니라 더 많이 사랑하기 위함이며, 서로가 필요하고 더 성숙한 인격人格을 쌓기 위함이다.

사랑의 힘은 없는 것을 있게 만들고,
할 수 없는 것을 할 수 있게 만들며,
이룰 수 없는 것을 이룰 수 있게 한다.

풍게나무 : 소중함

💗 사랑 없는 부자富者로 죽느니 사랑하면서 가난한 자로 사는 것이 더 낫다.

🌳 사랑하는 사람과 섹스를 하고 싶어 하는 건 사랑이고, 사랑하지도 않는 사람과 섹스를 하고 싶은 것은 욕정欲情이다.

👄 섹스의 윤리倫理는 파트너 수가 아니라 파트너를 대하는 태도態度와 보살핌을 기준基準으로 측정해야 한다.

쥐똥나무 : 강인한 마음

💕 영혼靈魂을 채우는 건 사랑이고, 뱃속을 채우는 건 음식飮食이다.

🌳 호모Homo는 '같다'라는 뜻의 그리스어 '호모스'에서 유래 由來된 것으로 인류 인간 중 남성을 칭하는 단어이나, 우리가 평상시 사용하는 호모(동성애자)는 영어 homosexualist를 축소한 것이다.

👄 세계적인 물리학자物理學者 스티븐 호킹스는, 자기는 140억 년 우주宇宙를 다 아는데 아직도 여자에 대해서는 95%를 이해하지 못했다고 한다.

회나무 : 위험한 장난

💗 누구를 사랑한다는 것은 내 삶의 기쁨과 설렘이며,
아름다운 나의 희망希望이다.

🌳 몸의 상처傷處는 옷으로 가리고, 얼굴의 상처는 화장化粧으로 가리고,
마음의 상처는 사랑으로 가리니, 사랑은 모든 허물을 가린다.

👄 노래를 부를 때는 사랑 혹은 감사感謝가 담긴 밝고 힘찬 노래를 불러라.
그것이 바로 성공成功의 행진곡이다.

떡갈나무 : 공명정대, 강건

 사랑과 꽃과 새와 별은 이 세상에서 가장 청결淸潔한 기쁨을 우리에게 준다.

🌳 사랑과 술의 공통점

- 처음 시작할 때는 얼굴을 붉게 만들고 마음을 흥분시켜 주지만 과하면 힘들어진다.
- 때론 다시는 하지 않겠다고 다짐했다가 또다시 시작하게 된다.
- 외롭고 쓸쓸할 때면 더욱 생각이 난다.
- 사랑과 술은 모두 사람을 취하게 만든다.
- 시간이 흐르면 다시 깨어난다.

👄 진정한 사랑은 기쁨과 행복幸福을 가져다준다.

실거리나무 : 천천히 오세요.

LOVE 지나간 사랑에 연연戀戀하지 마라 가슴만 아플 뿐이다.

🌳 성욕性慾만 위해 사랑한다면 결혼結婚은 필요 없다. 성욕은 상대를 존경尊敬하지 않으니까.

👄 가슴에 살아 있는 사랑이 없다면, 과거過去도 없고, 오늘도 없고, 미래未來도 없다.

새비나무 : 총명

🆎 섹스가 멀어지면 사랑도 멀어진다.

🌳 낭만적浪漫的 사랑은 국경, 신분, 빈부의 차이, 학력의 차이, 연령 등 관계없이 맹목적盲目的으로 오직 상대와의 사랑에 열정적으로 몰입沒入하는 순수한 사랑을 말한다.
낭만적 사랑의 핵심核心은 결국 성적 욕망이다.

👄 사랑을 가장假裝 한 체 욕정慾情을 채우려 하는 것은 더러운 걸레처럼 추잡한 본능적 욕심慾心이다.

공조팝나무 : 노력하다

● 사랑하게 되면 놋쇠도 녹일 수 있는 뜨거운 열정熱情이 저절로 분출噴出된다.

● 외모外貌와 조건條件을 따지는 사랑은 신뢰信賴의 탑을 쌓기보다는 쾌락快樂만을 추구하는 것이다.

● 사랑하는 사람은 그렇지 않은 사람보다 더 긍정적肯定的이고, 적극적으로 삶을 즐긴다.

백목련나무 : 자신감, 즐거움

건강健康할 때는 사랑과 행복幸福만 보이고, 허약虛弱할 때는 걱정과 슬픔만 보인다.

사랑이란 꽃은 가냘프기 때문에 불신不信이란 벌레가 파먹기 쉬우니, 믿음이란 살충제殺蟲劑를 미리미리 준비해야 한다.

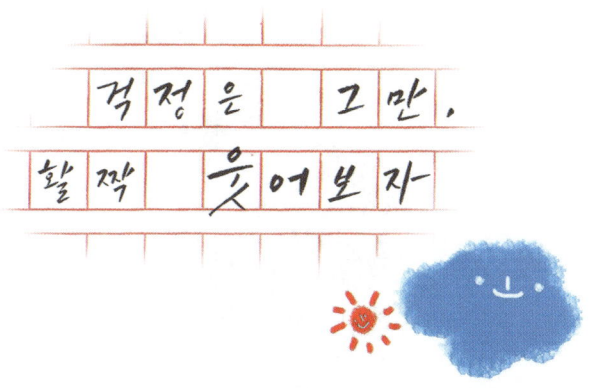

사랑의 신비神祕는 영혼靈魂 속에 자라지만, 그래도 육체肉體는 사랑을 가르치는 교과서이다.

해피트리나무 : 재물, 행복

💘 섹스는 육체肉體와 마음과 영혼靈魂이 만나는 행위이다.

🌳 대부분 사람들은 사랑의 앞면만 보고 사랑은 아름다운 것이라고 말한다. 하지만 사랑의 뒷면을 보라, 뒷면에는 아픔도 슬픔도 눈물도 이별離別도 모두 뒤엉켜 있다. 그래서 사랑이란 단어에는 반대反對말이 없다.

👄 사랑은 무엇보다도 자신을 위하는 선물膳物이다.
열심히 사랑하시길~

세계사世界史 속의 *사랑*이야기

(격언, 속담, 성경, 불경, 니체, 셰익스피어, 플라톤,
아리스토텔레스, 간디, 김수환 추기경, 타고르 등)

석류나무 : 원숙한 아름다움

울고 있는 여자女子에게서 훔친 키스는 가장 달콤하다.

입 맞추는 소리는 대포大砲 소리만큼 요란하지는 않지만, 그 메아리는 훨씬 더 오래 지속持續된다.

연애戀愛를 빨리 성취成就시키려면 펜으로 글을 쓸 것이 아니라 입으로 말하라.
　　　　　　　　　　　　　　　　　　　　- 라크로 -

딱총나무 : 동정

 사랑은 영혼靈魂의 눈을 뜨게 하는 신비로운 힘을 가지고 있다.

🌳 버드란드 러셀은,
"사랑을 두려워하는 것은 인생을 두려워하는 것이고,
인생을 두려워하는 사람은 이미 4분의 3
즉, 70%는 죽어 있는 상태狀態다"라고 했다.

👄 섹스와 사랑은 한 몸이다.
마음이 열려야 몸이 열리니까.

신나무 : 변치않는 귀여움

💖 사랑은 문명文明의 기적奇跡을 만들었다.

🌳 유대인의 지혜서智慧書 탈무드에 의하면, 이 세상에서 가장 현명賢明하고 지혜롭고 성공한 사람은 사랑하며 감사感謝하는 마음으로 사는 사람이라고 하고 있다.

👄 사랑은 성욕性慾과 질質이 다른 것이 아니라 보다 높은 형태形態의 성욕이다.

고욤나무 : 자연미

🔤 사랑은 인간 생활 최후最後의 진리眞理이며, 최후의 본질本質이다.

- 슈라프 -

🌳 사랑은 본디 주기 위한 것이지 소유所有하는 것이 아니다. 그리고 사랑하고 싶으면 지금 사랑해야 한다. 내일이면 사랑하는 마음도, 사랑할 대상對象도 바뀔 수 있으니까.

👄 보여 줄 수도 만질 수도 없고, 국화꽃처럼 향기도 없지만, 우리 가슴에 아름답게 살아 숨 쉬는 것이 곧 사랑이다.

💜 감사합니다. 💜 고맙습니다. 💜 사랑합니다.

매화나무 : 고요, 귀인

🔤 인생은 오직 사랑 안에서만, 사랑의 환상幻想 속에서만 창조創造된다.

- 니체 -

🌳 세상은 노력努力하는 만큼 잘살게 되고, 사랑한 만큼 아름다워지며, 가슴은 여는 만큼 풍족豊足해지고, 참는 만큼 성숙成熟해진다.

👄 누군가의 하루가 궁금해지는 건 어느새 그 사람에게 사랑의 감정感情이 생겼다는 것이다.

청시닥나무 : 예절과 덕성

💕 오래된 사랑과 낡은 톱밥은 단번에 불붙기 쉽다.

- 독일 속담 -

 사랑을 앞세우면 단점短點이 사라지고,
미소微笑를 앞세우면 원수怨讐가 사라지고,
미움을 앞세우면 장점長點이 사라지고,
주먹을 앞세우면 친구親舊가 사라진다.

👄 사랑이란 누군가를 위해 자신을 버리는 것이며,
버림으로 인해 자신自身을 발견發見하는 것이다.

누리장나무 : 깨끗한 사랑

사랑한다는 것은 목숨을 가지고 있는 것들이 살아 있다는 증거證據다.

 입안의 침은 회춘回春의 비타민이다.

그래서 침을 옥수玉水라고도 한다. 회춘의 비타민을 대량 생산하기 위해서는 설왕설래舌往舌來 즉, 키스를 즐겨야 한다.

선물膳物로 친구를 사지 마라. 선물을 주지 않으면 그 친구의 사랑도 끝날 것이다.

— 토마스 풀러 —

서향동백나무 : 진실한 사랑, 겸손한 마음

섹스는 사랑의 완성完成이 아니라 관계關係의 완성이다.

에리히 프롬에 따르면,

사랑은 밥과 같은 것이라서 계속 충족充足되지 못하면 결핍缺乏으로 인한 장애障碍가 나타날 수 있다고 하면서,

그 근거로 상당수 흉악범凶惡犯들은 어린 시절 부모나 이웃의 사랑을 받지 못하고 자랐다는 것으로 알 수 있다고 하였다. 즉, 부모의 사랑, 친구들과의 우정友情, 연인 간의 사랑을 많이 할수록 좋은 밥을 많이 먹는 것처럼 정신적으로 건강해질 수 있다는 것이다.

새는 결코 모이만 먹고 사는 것이 아니라 기르는 사람의 애정愛情도 함께 먹어야 건강하게 살 수 있다.

매발톱나무 : 승리의 맹세

 어려운 점은 사랑하는 기술技術이 아니라, 사랑받는 기술이다.

— 알퐁스 도테 —

🌳 얼굴이 먼저 떠오르면 보고 싶은 사람이고,
이름이 먼저 떠오르면 잊을 수 없는 사람이며,
눈을 감아도 계속 생각나면 그리운 사람이다.

👄 자신이 가지고 있는 것을 사랑하는 사람은 행복幸福한 사람이고,
자신이 가지고 있지 않은 것을 사랑하는 사람은 불행不幸한 사람이다.

은사시나무 : 비탄, 애석

💗 다른 누군가를 사랑하는 것은 신神의 얼굴을 보는 것이다.

- 뮤지컬〈레미제라블〉-

 장미는 꽃에서 향기香氣가 나는 것이 아니라 가시에서 향기가 난다. 그래서 어느 꽃보다 향기가 멀리 간다.
- 빨간 장미 : 사랑, 절정, 열정, 기쁨
- 하얀 장미 : 존경, 순결
- 분홍 장미 : 행복한 사랑, 사랑의 맹세
- 파란 장미 : 이루어질 수 없는 사랑
- 주황 장미 : 첫사랑의 고백, 수줍음
- 보라 장미 : 영원한 사랑
- 장미 다발 : 비밀스러운 사랑을 하고 싶어요.

👄 초심初心이란 첫사랑의 마음이자, 겸손謙遜한 마음이다.

까마귀쪽나무 : 인내, 평안

💗 사랑은 유리와 같아서 함부로 붙잡거나 세게 쥐면 깨진다.

- 러시아 속담 -

 목화木花는 꽃을 세 번 피운다.
　첫 번째 : 목화 열매를 맺기 위해 필 때이고,
　두 번째 : 목화 열매가 익어 백옥 같은 솜털을 세상에 드러낼
　　　　　 때이며,
　세 번째 : 목화솜으로 원앙금침鴛鴦衾枕을 만들어 신랑 신부가
　　　　　 첫날밤을 보낼 때 사랑의 꽃을 피운다.

👄 사랑의 신 아프로디테Aphrodite는, 그리스어로 물거품이란 뜻이다.
　(사랑은 곧 물거품이니까)

오미자나무 : 다시 만나요.

💖 사랑으로 행해진 일은 언제나 선악善惡을 초월超越한다.

- 니체 -

🌳 사랑하는 부부는 서로 닮는다고 하였다. 닮을 수밖에 없다. 사람의 얼굴에는 80여 개의 근육筋肉이 있는데 사랑하는 사람끼리 매일 서로 웃고 울고 화火내고 하면서 같은 순간에 같은 근육을 쓰므로 닮을 수밖에 없다.

👄 마음은 닫고 입으로만 사랑한다고 하는 것은, 서랍을 닫고 물건을 꺼내려는 것과 같다.

수양벚나무 : 결백, 정신의 아룸다움

 침대는 잠만 자는 곳이 아니라 사랑을 꿈꾸는 곳이다.

목숨처럼 엘비스 프레슬리를 사랑했던 차중락은 한국의 엘비스 프레슬리라는 애칭愛稱을 받은 사람이다. 그리고 1968년 11월 10일, 27세의 나이로 그의 노래처럼 낙엽 따라 가 버렸다. 엘비스 프레슬리의 'Anything that's part of you'는 1962년에 발표되었으나 당시에는 히트하지 못하고, 1968년 가수 차중락이 한국에서 '낙엽 따라 가버린 사랑'이란 제목으로 히트한 후 전 세계적으로 사랑을 받게 되었다.

 사랑하는 눈에는 법도 필요 없다.
 (사랑은 '눈먼 봉사'와 같다는 것)   - 포르투갈 속담 -

주엽나무 : 소식

강렬強熱한 사랑은 판단判斷하지 않는다. 오직 주기만 할 뿐이다.

- 마더 테레사 -

사랑은 끝이 없다. 단지 새로운 시작始作의 출발점出發點만이 반복될 뿐이다. 이별離別도 사랑의 끝이 아니라 새로운 사랑의 시작이자 출발점이다. 그리고 이별은 아픔의 대상이 아니라 새로운 나를 찾아가는 여정旅程이다.

성性에 대한 연구硏究는 곧 인간에 대한 연구이다. 그리고 성은 최고最高의 인문학人文學이다.

황칠나무 : 효자

💗 사랑이 없는 인생人生은 불완전不完全한 인생이다.

 스티브 잡스가 죽음을 앞두고 한 말.
"우리가 죽을 때 기억記憶나는 것은 오직 사랑에 대한 추억追憶 뿐이다"라고 했다. 열심히 좋은 추억을 많이 만들어야 한다. 우리는~

👄 사랑은 영원히 변變치 않는 단단한 고체固體가 아니라 세월 따라, 담긴 모양模樣 따라 변하는 액체液體와 같은 것이다.

나도밤나무 : 나를 업신여기지 마세요

사랑은 눈 맞춤에서 시작된다. 그래서 사랑하는 사람들을 '눈이 맞았다'고 한다.

쾌락주의快樂主義란 말은 철학자哲學者 에피쿠로스의 이름에서 유래되었다 하여 에피큐리어니즘, 그리고 쾌락주의자를 에피큐리언이라고 한다.

빛은 길을 가르쳐 주기 때문에 우리는 빛을 사랑하고, 어둠은 별을 간직하고 있기 때문에 우리는 어둠을 견딘다.

백동백나무 : 비밀스러운 사랑

 이 세상世上에서 태어나는 모든 아픔의 출처出處는 사랑에서 시작된다.

 1979년 10월 7일 테레사 수녀가 노벨 평화상을 받았을 때, "세계평화世界平和를 증진增進하기 위해 우리가 무엇을 해야 합니까?"라는 질문質問을 받자, 그녀는 "집에 가서 가족家族을 사랑하세요"라고 답했다.

 가족은 인간관계의 시작이자, 사랑의 원천源泉이니까.

 아름다운 추억追憶을 잔 속에 채워 내일을 살아가는 지혜智慧로 만들어 마실 때 행복幸福은 덤으로 찾아온다.

왕매발톱나무 : 승리의 맹세

🄻🄾🅅🄴 자신을 사랑하지 않는 것은 화禍의 근원이자, 발전發展 없는 삶의 족쇄足鎖를 만든다.

🌳 이 세상에서 가장 아름다운 말이 사랑이라면, 가장 소중한 말은 가족家族이다. 그리고 평화平和라는 말은 가족에서 나온 말이자, 밥을 골고루 나누어 먹는다는 뜻을 지니고 있다.

👄 사랑은 남자에게는 생애生涯의 흥미興味 있는 이야기에 지나지 않지만, 여자에게는 일생一生이다. (현실은?)　　　　　－ 스토우 부인 －

모새나무 : 끈기

💖 죽을 때까지 삶을 지탱支撐해 주는 것은 사랑과 일이다.

 인생이 뭐길래

- 내 인생에서 가장 위대偉大한 것은 '사랑'
- 내 인생에서 가장 소용없는 것은 '자만심自慢心'
- 내 인생에서 치명적인 파산은 '열정熱情'을 잃어버리는 것
- 내 인생에서 가장 큰 실수失手는 '포기抛棄'
- 내 인생에서 유용有用한 자산資産은 '겸손謙遜'이다.

👄 천국天國에는 사랑은 많아도 결혼結婚은 없으며, 지상地上에는 결혼은 많아도 사랑은 없다.

― 성聖 제롬 ―

빌레나무 : 재능

 사랑은 인간의 영혼靈魂을 위대하게 만든다.   - 실러 -

🌳 열녀烈女란

한마디로 죽을힘을 다해 인간의 본능本能을 외면한 여성이다. 그리고 그런 여성의 눈물겨운 인내력忍耐力을 찬양讚揚하기 위하여 남자들은 '열녀'라는 단어와 '열녀문'이라는 상징물象徵物을 만들어 낸 것이다. 열녀라는 미명美名을 부여함으로써 철저히 여성의 성性본능을 옭아매었는가 하면, 열녀라는 용어는 매우 가부장적 이데올로기의 산물産物이다.

 사랑이 보수保守라면 섹스는 진보進步다.

가문비나무 : 성실, 정직

🔤 사랑을 하면 누구나 시인詩人이 된다.　　　　- 플라톤 -

🌳 건전健全한 섹스는 심혈관心血管 건강 개선, 혈압 감소, 면역 체계 강화, 전립선암 위험 감소, 스트레스 해소, 수면 개선 등 건강健康을 좋게 한다.

👄 사랑하는 것은 용기勇氣지만 사랑받는 것은 능력能力이다.

말오줌나무 : 열심

 사랑은 아낌없이 주는 것이다.　　　　　- 라즈니쉬 -

🌳 꼭꼭 잠긴 성문도 작은 열쇠 하나면 쉽게 열 수 있듯이, 아무리 꽉 닫혀 있는 마음도 사랑만 있으면 열린다. 사랑은 닫힌 마음과 마음을 열어서 하나로 연결 連結 해주는 열쇠이니까.

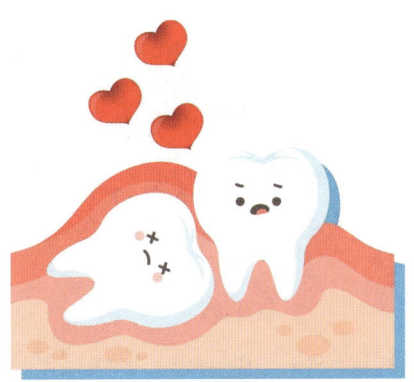

👄 사랑니는 첫사랑을 할 나이인 17~25세 때 올라온다. 그리고 올라올 때 첫사랑처럼 아리고 쓰리다고 하여 붙여진 이름이다.

난티나무 : 화해

💖 아무리 아름다운 꽃길이라도 혼자 걸으면 외롭다는 사실.

🌳 고향故鄉이 그리운 것은 고향이란 말속에는 사랑하는 어머니가 있고, 누나가 있고, 살붙이들이 있고, 친구들이 있기 때문이다.

👄 가족家族이란 당신이 누구 핏줄이냐가 아니라 당신이 누구를 사랑하느냐는 것이다.   - 트레이 피커 -

버찌나무 : 순결, 절세미인

LOVE 그리움은 영혼靈魂을 붙잡을 수 있는 사랑의 그물이다.

깨끗한 사랑은 사랑하는 사람의 눈 속에서 황홀恍惚하게 떠오르는 무지개이지만, 흐릿한 사랑은 사랑하는 사람을 눈물바다로 만든다. 아울러 사랑은 가장 분별 있는 미치광이이자, 목을 졸라매는 쓰디쓴 약藥인가 하면, 생명生命에 활력을 주는 감로수甘露水이다.

함께 있을 때 행복幸福하지 않는 사람과는 결코 진정眞情한 사랑에 빠질 수 없다.
- 아그네스 리플라이어 -

야광나무 : 온화

💕 이별離別의 아픔 속에서만 사랑의 깊이를 알 수 있다.

🌳 소크라테스는, 사회의 건강健康을 회복回復하기 위한 방법은 오직 사랑뿐이라고 했다. 그리고 인류의 모든 문제를 해결할 수 있는 유일한 지혜智慧 역시 사랑이라고 했다.

👄 가장 끔찍한 가난은 사랑을 받지 못하는 마음이다.

- 마더 테레사 -

한라봉나무 : 순결, 너그러운 마음

희망希望만이 인생을 유일하게 사랑하는 것이다.

- 앙리 프레데릭 아미엘 -

 사랑은 상큼하고 달콤하지만, 정情은 구수하고 은근慇懃하다.
사랑은 돌아서면 남이자 원수가 되지만,
정은 돌아서도 우리가 된다.

진정眞情한 사랑은 60이 넘어야 비로소 할 수 있다.
그전의 사랑은 모두 풋사랑이다.

- 괴테 -

팔손이나무 : 비밀, 기만, 교활

 돈은 사랑의 핏줄이자, 전쟁戰爭의 핏줄이다.

- 토마스 풀러 -

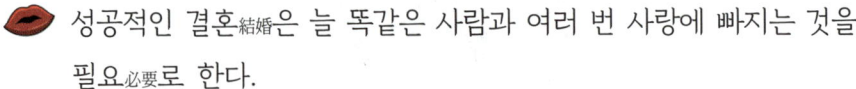 부부夫婦가 서로 여보, 당신이라고 부르는 이유는
- 여보如寶라는 말은 보배와 같이 귀하다는 뜻이고,
- 당신當身이라는 말은 멀리 떨어져 있어도 내 몸과 하나라는 뜻이며,
- 마누라는 마주 보고 누워라! 의 준말이고,
- 여편네는 옆에 있네에서 왔다고 하니, 부부는 서로에게 가장 소중한 보배요. 끝까지 함께하는 사람이다.

🫦 성공적인 결혼結婚은 늘 똑같은 사람과 여러 번 사랑에 빠지는 것을 필요必要로 한다.

아카시아나무 : 우정, 사랑, 아름다움

LOVE 성性 과학자들에 의하면 한 상대相對와의 연애戀愛 감정은 약 3년 정도 지속持續된다고 한다.

인생을 사랑한다면 시간을 낭비浪費하지 마라. 시간時間이야말로 인생을 형성形成하는 재료材料이기 때문이다. - 벤저민 프랭클린 -

어머니가 아버지보다 자식을 더 사랑하는 이유는 아이가 자기 자식임을 더 확신確信하기 때문이다. - 아리스토텔레스 -

참갈매나무 : 고향생각

 아내에게 지참금持參金을 받는 자는 그 값에 자기 스스로를 파는 것이다.
— 에우리피데스 —

🌳 세상에 어떤 사랑도 휴대폰 사랑만 한 사랑은 없다.
내 눈에서, 내 손에서, 내 곁에서 떠난 적이 없으니까.
휴대폰만큼만 사랑한다면 이별離別은 존재하지 않는다.

👄 사랑은 희망希望이다.
사랑을 맞이하면 절망絶望에서 빠져나오고자 하는 의욕意欲이 생긴다.

해변싸리나무 : 생각, 사색, 상념

LOVE 사랑하고 사랑을 잃는 편이 한 번도 사랑하지 않는 것보다 좋다.

- 테니스 -

 사랑은 불길이면서, 빛이 있어야 한다.
(사랑의 열정은 뜨거운 것이지만, 동시에 빛이 있어야 한다.
즉, 몸과 마음이 하나가 되어야 한다는 뜻)

볕이 강하면 그림자가 짙듯이, 사랑이 크면 질투嫉妬가 강하고,
선망羨望이 크면 그만큼 시기猜忌도 강한 법이다.

다래나무 : 깊은 사랑

위대偉大한 사랑은 위대한 고통苦痛이 따른다.

사랑은 에덴동산에 있는 사과처럼 나무에서 자라는 것이 아니라, 자신이 만들어야 하는 것이다. 그리고 또한 자신의 상상력想像力을 활용活用해야 한다.

우정友情은 사랑받는 것보다 사랑하는 데 있다.

- 아리스토텔레스 -

올분꽃나무 : 소심, 수줍음

사랑은 영혼靈魂의 결혼식結婚式이다.

 성교性交 상대로서 가장 바람직한 여자를 입상여인入相女人이라고 한다.

〈입상여인의 조건條件〉
- 천성天性이 상냥하고 목소리가 아름다워야 하고,
- 머리카락이 가늘고 칠흑같이 검어야 하고,
- 부드러운 살결과 가는 골격骨格의 소유자여야 하고,
- 키는 작지도 크지도 않고, 몸은 뚱뚱하지도 마르지도 않아야 하고,
- 가랑이는 길고, 옥문玉門은 위로 치붙어 있어야 하고,
- 국부에는 털이 없고 애액愛液이 옹달샘처럼 넘쳐야 하고,
- 나이는 25~30세까지로서 아이를 낳지 않은 여성이어야 한다.

인간이 죽음을 두려워하는 것은 삶을 사랑하기 때문이다.

— 도스토예프스키의 〈악령〉에 나오는 말 —

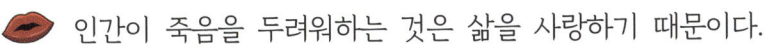

산뽕나무 : 못이룬 사랑

LOVE 섹스란 두 사람의 커뮤니케이션communication이다.

 사랑을 거절拒絶하면 사랑에게 거절을 당한다.
(남에게 주는 사랑에 인색한 사람은 남한테서도 사랑받지 못한다는 뜻)
- 데니스 -

👄 사랑도 눈물이 없으면 진정眞情한 사랑이 아니고, 행복幸福도 눈물이 없으면 진정한 행복이 아니다.

만리향나무 : 사랑스러운

💖 옛날에는 제사祭祀를 지낼 때 생리生理 중인 여성은 참석을 못하게 했다.

🌳 보적경寶積經이라는 불경佛經에 의하면 "독사毒蛇를 바라볼망정 여자는 쳐다보지 말라"라고 경고하고 있다. 이것은 사람을 속이고 농락籠絡하는 점에 있어서는 독사보다도 여자가 더 무서운 존재存在라는 뜻이다.

👄 부처님이나 하느님을 사랑한다면서 이웃을 사랑하지 않는 사람은 자기 자신을 배신背信하는 것이다.

병솔나무 : 청결, 우정, 겸손

🆎 사랑은 시간時間을 빨리 지나가게 하지만,
　　시간은 사랑을 잊게 한다.　　　　　　　　　- 프랑스 격언 -

🌳 애정愛情이 없으면서 결혼結婚을 하는 것은, 신앙信仰이 없으면서도
　　하나님께 예배禮拜하는 것과 같은 인간으로서, 더할 나위 없는
　　비열卑劣하고 무의미한 행위이다.

👄 사랑의 감정感情 크기는 너무나 거대巨大하기 때문에 한번 빠지면
　　이성理性을 마비시켜서 정상적인 판단判斷을 불가능하게 한다.

동백나무 : 그 누구도 당신을 사랑합니다

정신적精神的 사랑도 성욕性慾이 참견參見한 결과물이다.

고대 이집트 시대에는 짐승과 섹스하는 것을 성스러운 행위行爲로 여겼으며, 이슬람 "터부taboo"에 의하면 "메카로 가는 순례巡禮때는 낙타와 섹스하지 않으면 목적을 달성하지 못한다"라고 하여 이슬람교도들은 순례길에 타고 가는 낙타와 공공연히 섹스하였다고 한다.

사랑은 방해妨害가 생기면 더 강强해진다.
사랑하는 사이에 장애물이 생기면 정情은 더 커지고 깊어지게 된다.

— 바이런 —

장미매발톱나무 : 우둔함

 종말終末이 있는 사랑이 비극悲劇이 아니라, 끝없는 사랑이야말로 비극인 것이다.
― 세리, 하자드 ―

🌳 섹스를 자유롭게 이야기하고 이상하게 받아들이지 않을 때, 건강健康한 성관계의 방법을 알게 되어, 스스로 통제統制함은 물론 건강한 사회를 만든다.

👄 사랑은 애원哀願해서 얻을 수도, 선물膳物로 받을 수도, 길에서 주울 수도 있다. 하지만 뺏을 수는 없다.

겹벗나무 : 정숙, 단아함

LOVE 사랑은 사람을 행복幸福하게 한다. 왜냐하면 사랑은 인간과 신神을 하나로 맺어주기 때문입니다.

 미래未來에 있어 사랑은 없다.
사랑은 오직 현재現在에 필요必要한 것이다.
현재 사랑하지 못하는 사람은 사랑이 없는 사람이다.

- 톨스토이 -

사랑과 우정友情은 우리의 삶을 빛나게 하는 보석寶石과 같은 것이다. 그러므로 사랑과 우정을 얻는 것은 보석이 될 원석原石을 얻는 것과 같다.

삼색조팝나무 : 노련하다. 단정하다.

🔤 조선시대朝鮮時代에는 여자 20세면 노처녀,
남자 25세면 노총각이라 하였다.

🌳 사랑은 만국萬國의 언어이며, 예술藝術이며, 꿈이며, 희망希望이다.
이 아름다운 보석寶石인 사랑을 아낌없이 나누어야 한다.
삶의 진정한 가치는 사랑에 있으니까.

👄 사랑은 우리를 하늘로 이끄는 별이며, 메마른 사막에서는
오아시스이며, 모래 속 한 알의 황금이다.   - 할름 -

모감주나무 : 자유로운 마음

💟 사랑은 이 세상을 꽃밭으로 만들 수 있는 위대偉大한 아름다운
　정원이다.
　　　　　　　　　　　　　　　　　　　　　　　- R.스티븐스 -

🌳 규수閨秀(혼기에 이른 남의 집 처녀를 점잖게 이르는 말)할 때 규閨자를 보면, 문
문(門)자 속에 흙 토(土)가 두 개 포개어져 있어, 이 글자를 풀이하면
담장 두 개가 쌓여 있는 깊은 곳에서 살고 있는 처녀를 일컬어 즉,
규수라고 칭하고 있다는 뜻이다.

👄 사랑을 품은 사람의 가슴에는 악惡한 마음이 들어설 여지餘地가
　없다.

당단풍나무 : 자제, 약속

🆎 사랑에 미친 것은 어떤 무엇보다 행복$_{幸福}$하게 미친 것이다.

🌳 사랑은 나이나 국경$_{國境}$을 따지지 않는다. 사랑하는 마음이 서로의 가슴을 뜨겁게 사로잡으면 그것으로 충분하다.
사랑하면 놋쇠도 녹일 수 있는 뜨거운 열정$_{熱情}$이 저절로 분출$_{噴出}$된다. 사랑 앞에 나이는 그야말로 숫자에 불과할 뿐이다.

👄 사랑은 세계사$_{世界史}$의 궁극적 목적이며 최고$_{最高}$의 존재이며 근본$_{根本}$이다.
— 노발리스 —

만첩조팝나무 : 단정한 사랑

💗 사랑한다는 것은 믿는 것이다.   - 빅토르 위고 -

🌳 사랑은 숭고崇高한 것이며, 열렬熱烈한 즐거움이며, 미치도록 그리운 것이며. 눈물겹도록 아름다운 것이며, 주어도 주어도 아깝지 않은 보물寶物이며, 곁에 있어도 보고 싶은 것이며, 함께하는 것만으로도 가슴이 벅차오르는 기쁨이다.

👄 사랑은 주위周圍를 밝게 하지만, 웃음은 행복幸福을 여는 조건條件의 시작이다.

앵두나무 : 수줍음

 사랑한다는 말 한마디는 허기虛飢진 인생에 따뜻한 밥 한끼와 같다.

🌳 삶에서 가장 가치 있는 3가지

- 사랑愛
- 긍정적 사고肯定的 思考
- 자신감自信感

👄 구求해서 얻은 사랑은 좋은 것이다.
그러나 구하지 않고 얻은 것은 더욱 좋다   -셰익스피어 -

장구밥나무 : 부부애

LOVE 질투심嫉妬心이 강한 사람의 사랑은 증오憎惡심으로 변變하기 쉽다.

- 알렉상드르 뒤마 -

질투嫉妬할 힘이 있으면 그 힘으로 더 아름다운 사랑을 만들어야 한다.
쓸데없는 질투로 아까운 시간을 낭비浪費한다면 그것처럼 어리석은 일은 없으니까.

삶을 윤택潤澤하게 하고 싶다면 사랑해야 한다.
사랑은 놀라운 기적奇跡을 일으키니까

당매자나무 : 전화위복

💖 질투嫉妬는 상대방은 물론 자기를 해치는 무서운 독毒이 된다.

🌳 레즈비언Lesbian이라는 말은 고대 그리스의 여류시인 사포Sa-ppho에서 비롯되었다. 그녀는 동성애자였는데 그녀가 레스보스Lesvos섬의 방언方言으로 열정적熱情的인 시詩를 썼기 때문에 그 지명을 따서 레즈비언이라는 명칭이 생긴 것이다.

👄 사랑은 죽음보다 강하다. 그 때문에 인생은 사랑으로써 유지維持되고 발전發展하는 것이다.

― 투르게네프 ―

정금나무 : 추상

 사랑하는 남자와 여자가 지켜야 할 가장 중요한 덕목德目은 정직正直이다.

🌳 사랑에는 세 가지 종류가 있다.
　첫째 : 아름다운 사랑이고,
　둘째 : 헌신적獻身的인 사랑이고,
　셋째 : 활동적活動的인 사랑이다. 활동적인 사랑은 상대방을
　　　　 위해 봉사奉仕하는 사랑을 말한다.　　　 - 톨스토이 -

👄 사랑에 빠지면 죽음이 생명生命으로, 대립對立이 화합和合으로, 불확신不確信이 확신으로 바뀌고, 수수께끼가 풀리고 더 나은 삶을 가져다준다.

라일락나무 : 첫사랑, 사랑의 시작

실존주의 철학자 쇼펜하우어는 사랑은 성욕性慾이라고 주장했다.

 사랑에 색깔이 있다면,
- 열정적熱情的인 사랑은 빨간색,
- 이성적理性的인 사랑은 파란색,
- 화사華奢한 사랑은 분홍색,
- 은은한 사랑은 노란색,
- 깊고 그윽한 사랑은 보라색이 아닐까 싶다.

여자는 남자의 성격性格을 보고 사랑하지만, 남자는 여자의 외모外貌를 보고 사랑한다.

- 러셀 -

감홍사과나무 : 유혹, 성공, 명예

 네 운명運命의 별은 너의 가슴속에 있다.　　　　　- 실러 -

 고려 제31대 공민왕恭愍王은 미소년美少年들과 동성애를 즐기다가 그들의 손에 비명횡사非命橫死하였다.

특히 홍륜洪倫이란 소년을 사랑했는데 그는 공민왕의 익비益妃와 사통하여 임신까지 시켰으며, 환관宦官 최만생이 이 사실을 왕에게 알리자. 공민왕은 홍륜과 그 무리들 그리고 환관 최만생까지 죽여 사실을 막으려고 하다가 자제위子弟衛(공민왕의 남색파트너)들이 눈치채고 그날 공민왕 가슴에 칼을 꽂은 것이다.

🫦 사랑은 앞서고 촌수寸數는 뒤선다.
　　(촌수보다 사랑이 먼저라는 뜻)　　　　　- 우리나라 속담 -

합다리나무 : 나를 업신여기지 마세요

LOVE 사랑은 매미 같아서 당장 마음에서 혓바닥으로 옮겨 간다.
- 독일 속담 -

🌳 사랑이 크고 떠들썩하다고 행복한 것이 아니다. 작은 사랑도
행복幸福하다. 꽃 역시 크다고 다 아름답지 않듯이, 작은 꽃들도
눈부시고 아름답다. (호박꽃을 보시길)

👄 남을 위해 사랑을 심으면 자신이 그 사랑을 거두고,
기쁨을 심으면 그 열매 또한 자신이 거두며,
웃음을 심으면 자신이 행복幸福해진다.

백매화나무 : 결백, 우아

사랑도 이별離別도 뒤돌아보면 모두가 인생이다.

육체肉體의 보약補藥은 웃음이고, 영혼靈魂의 보약은 사랑이다. 아름다운 육체와 아름다운 영혼을 갖기 위해 늘 웃음과 사랑의 물로 샤워해야 한다.

믿음이 없는 사람은 그 누구도 사랑할 수 없다.

- 나이지리아 속담 -

영산홍나무 : 첫사랑

💖 사랑은 행복幸福하기보다는 행복하게 되기를 추구追求한다.

- 랠프 코어너 -

🌳 사랑, 화목和睦, 대화對話, 희생犧牲, 봉사奉仕 등 인간의 아름다운 덕德은 모두 믿음과 신의의 토대土臺 위에서 자라난다.

👄 3주일간 상대방을 관찰觀察하고, 3개월간 사랑하고, 3년간 싸우고, 30년간 인내忍耐하며 사는 것이 결혼이다.

산수유나무 : 영원 불멸의 사랑

 사랑하는 마음은 항상恒常 젊다.

- 프랑스 격언 -

변태성욕變態性慾의 유형類型

- 마조히즘Masochism : 자기가 학대虐待받는 것에 성적 쾌감快感을 느끼는 것.
- 패티시즘Fetishism : 여성의 팬티나 브래지어 또는 액세서리 등을 성욕의 대상으로 삼는 것.
- 노출증露出症 : 이성에게 자신의 성기性器나 나체裸體를 보이는 일에 성적 쾌감快感을 느끼는 것.
- 시애屍愛 : 시체와 성교性交하거나 시체의 일부를 절취하여 자위自慰하면서 성적 쾌감을 느끼는 것.
- 수애獸愛 : 개, 송아지, 염소 등 짐승과 교합交合하면서 성적 쾌감快感을 느끼는 것.

사랑은 두꺼운 솜이불보다도 찬바람을 더 잘 차단遮斷한다.

홍괴불나무 : 인내

LOVE 사랑은 홍역紅疫과 같아서 누구든지 겪지 않으면 안 된다.

🌳 사랑을 기억記憶한다는 것은 화장실에서 장미의 냄새를 불러일으키려고 애쓰는 것과 같다. 장미는 볼 수 있겠지만 결코 그 향기香氣는 맡지 못할 것이다.   － 아서밀러 －

👄 사랑이 찾아오면 누구나 시인詩人이 되고 천사天使가 되지만, 사랑이 떠나가면 법관(판사判事)이 되고 악마惡魔가 된다.

자산홍나무 : 자제, 사랑의 즐거움

 뜨겁게 사랑하라. 그러면 치매癡呆도 도망가고 없어진다.

남자가 섹스할 경우 여자의 등급等級
- 일도一盜 : 남의 계집을 잠깐 훔쳐 사통하는 것.
- 이비二婢 : 계집 종과 사통私通하는 것.
- 삼기三妓 : 기생 혹은 주모와 사통하는 것.
- 사첩四妾 : 남의 첩과 간음하는 것.
- 오처五妻 : 마누라와 관계하는 것.

※ 결혼結婚한 지 6개월~2년이 지나면 아내가 교성嬌聲(오르가슴을 느낄 때 지르는 소리)을 질러도 그다지 신통하지 않다.

사랑한다는 것은 용기 있는 자의 특권特權이다.

— 마하트마 간디 —

태산나무 : 위엄

💗 사랑이 없는 삶은 황폐荒廢한 난로暖爐 위의 잿더미와 같다.
　　난롯불은 죽고 웃음도 멎고 등불도 꺼진다.

- 프랭크. 피. 테베르 -

 20대의 사랑은 환상幻想이고, 30대의 사랑은 바람기이고, 40대에
　　이르러서야 비로소 참된 플라토닉한 사랑을 알게 된다.

- 괴테 -

👄 세상에서 가장 좋은 약藥은 사랑이다.
　　사랑은 바이러스에 대한 저항력抵抗力을 강화强化시키니까.

방울철쭉나무 : 희망, 기쁨

💗 사랑할 수 있다는 것은 모든 것은 할 수 있다는 것이다.

 사랑, 그것은 시간과 공간空間을 비웃는다.
사랑, 그것은 낮과 밤이고,
사랑, 그것은 태양과 달과 별이고,
사랑, 그것은 진홍빛이고 향기香氣가 가슴을 뭉클하게 한다.

— 카알라일 —

👄 남자는 본능적本能的으로 자신의 유전자遺傳子를 퍼뜨리기 위해 가장 우수한 짝을 차지하려고 생존경쟁의 압력壓力을 받는다. 이것이 바로 성욕性慾이다.

싸리나무 : 겸허, 청조

 사랑에 빠지는 것은 지혜智慧를 마비시켜 여인을 여신女神으로 착각錯覺하게 하는 것이다.

🌳 섹스는 양날의 칼이다.

칼이 의사醫師에게 가면 사람을 살리고, 강도强盜에게 가면 범죄犯罪의 도구가 되는 것처럼, 섹스도 어떻게 인식認識하고 다루는가에 따라 <u>스스로</u> 멋진 사람 또는 떳떳하지 못한 사람이 될 수 있다.

 사랑은 나이를 갖지 않는다. 언제나 새롭게 태어나기 때문이다.

- 파스칼 -

체리나무 : 결박

🆎 사랑은 밤에 뜬 별이다. 어둠 속에서도 빛을 찾아주니까.

🌳 사랑 중에 가장 값진 사랑은 인내忍耐의 사랑이다.
사랑은 누구나 할 수 있지만, 오래 참고 견디는 사랑은
누구나 할 수 없는 사랑이기 때문이다.

👄 아무리 큰 공간空間일지라도, 그것이 하늘과 땅 사이라 할지라도
사랑의 힘이라면 메울 수 있다.

- 괴테 -

홍목련나무 : 연정, 우아함

 사랑은 거부할 수 없는 열망熱望이다.   - 로버트 프로스트 -

🌳 중국中國의 춘추전국시대에는 잉첩媵妾제도가 성행盛行했다.
'잉첩'이란 신부가 결혼하면 여동생이나 하녀를 데리고 가서 신랑의 첩妾으로 삼게 하는 것을 말한다.
양귀비楊貴妃의 세 자매가 현종의 후궁後宮이 된 것은 잉첩의 좋은 사례이다.

👄 사랑은 인생人生이라는 먹구름 속에서 피어오른 단 하나의 무지개다.
   (희망은 사랑과 늘 함께 있다는 뜻)

젓나무 : 고상함

인간이 사랑을 시작했을 때 비로소 삶이 시작된다.

- 스큐데리앙 -

고린도 전서前書 13장 13절에 의하면 믿음, 소망所望, 사랑 이 세 가지 중 사랑이 가장 위대하고 제일이라 하였다.
그 이유는 인간에게 계속繼續 필요한 것은 사랑이기 때문이다.

사랑은 우리를 행복幸福하게 하기 위해서 있는 것이 아니라, 우리가 고통苦痛과 인내忍耐에서 얼마나 강强한가를 실험하기 위해서 있다.

가죽나무 : 누명

LOVE 저녁별은 사랑의 선구자先驅者다.

 사랑의 종류

- 에로스Eros : 육체적肉體的이고 성적인 매력魅力에 매료된 사랑(낭만적 사랑).
- 루두스Ludus : 장난스러운 사랑, 재미있고 즐겁기 때문에 좋아하는 관계(유희적 사랑).
- 마니아Mania : 격정적인 사랑, 보고 싶어 미칠 지경인 사랑 (소유적 사랑).
- 프라그마Pragma : 가슴보다 머리가 앞서는 사랑, 계산적計算的사랑(논리적 사랑).
- 스토르게Storge : 열정熱情이나 탐닉耽溺이 아닌 자신도 모르게 빠져드는 따스함을 느끼는 관계(우애적 사랑).
- 아가페Agape : 지극히 기독교적인 사랑, 양보讓步와 이해와 희생을 통해 이루어지는 사랑(이타적 사랑).
- 필리아Philia : 상대방이 잘 되기를 바라는 순수한 마음 (순수 사랑).

💋 사랑은 많은 물로도 없애지 못하고, 홍수洪水로도 빠지게 하지 못한다.

- 성서聖書 -

개오동나무 : 젊음

 사랑의 비극悲劇이란 절대 없다. 오직 사랑이 없는 곳에서만 비극이 생긴다.
― 테스카 ―

🌳 플라토닉 러브Platonic love란?
육체肉體를 무시한, 순수純粹하고 정신적精神的인 연애戀愛를 말한다. 플라토닉이란 고대 그리스의 철학자 플라톤에서 유래하였지만, 실상은 플라토닉 러브는 플라톤 자신의 사상思想과는 거의 관계가 없다. 플라톤은 향연饗宴 등 여러 작품에서 사랑을 찬양하였는데 그것은 결국 지혜智慧에 대한 사랑 즉, 철학을 말한 것이다.

👄 어떤 어려운 문제도 사랑이 함께 하면 반드시 해결解決된다.
(사랑이 뭐길래....)

뚝향나무 : 영원한 향기

🔤 매춘賣春은 수천 년 역사를 지니고 있는가 하면, 인류人類의 가장 오래된 직업이다.

🌳 사랑의 말 한마디가 소망所望의 뿌리가 되어 열정熱情에 불씨를 댕기고, 악담惡談 한마디가 파괴破壞의 씨가 되어 절망絶望의 근원이 되듯이, 말 한마디가 인생을 바꾸고 세상을 변하게 한다.

👄 사랑이란 두 개의 고독孤獨한 영혼靈魂이 서로 지키고 접촉接觸하고 기쁨을 나누는 데 있다.   - 릴케 -

땅비싸리나무 : 생각, 사색

LOVE 사랑하는 사람의 결점缺點을 장점長點으로 볼 수 없는 사람들에게는 진실한 사랑은 없다.

— 괴테 —

성행위性行爲에는 예절禮節이 있을 수 없고, 논리論理가 있을 수 없고, 종교적宗敎的인 어떤 목적이 있을 수 없다.
성행위의 결과가 어찌 되든 우선 성적쾌감性的快感을 얻는 것이 목적이다.

사랑에 빠지는 것은 쉽다. 하지만 그것을 지속持續시키는 것은 노력이 필요必要하다.

삼지닥나무 : 당신을 받아들입니다

사랑은 그 자체自體가 에너지다. 그것이 사랑의 가치價値인 것이다.

세상에서 혼자 할 수 없는 것이 하나 있다. 바로 사랑이다.
그래서 사랑할 대상對象이 있는 곳이 천국天國이고,
사랑하는 마음이 곧 극락極樂이다.

사랑이란 자기의 희생犧牲이다. 이것은 우연에 의존依存하지 않는
유일唯一한 행복이다.   － 톨스토이 －

소귀나무 : 당신만을 사랑합니다

섹스를 통해 태어난 우리가 섹스를 부정적否定的으로 생각하면 섹스는 저급低級한 것이 된다.

사랑할 줄 아는 사람은 자신의 정열情熱을 지배支配할 줄 아는 사람이고, 사랑할 줄 모르는 사람은 자신의 정열에 지배당하는 사람이다.

- 호리티우스 -

사랑이 시작된 후 최대最大의 행복幸福은 자신의 사랑을 상대에게 고백告白하는 것이다.

가시오갈피나무 : 나를 건드리지 마세요

🆎 사랑은 죽음을 막는다. 사랑은 생명生命이다.　　　- 톨스토이 -

🌲 창조주創造主께서 우주 만물宇宙萬物을 창조할 때 빛을 제일 먼저 만든 이유는, 세상 만물이 서로 헌신獻身하는 밝은 모습을 보면서 인간들 가슴에 아름다운 사랑이 넘치게 하려는 깊은 뜻이 담겨있다.

👄 우리가 사랑해야 하는 가장 큰 이유는 이 세상에 사랑 없이 태어난 것은 아무것도 없기 때문이다.

삼나무 : 그대를 위해 살다

 서로를 용서容恕하는 것이야말로 가장 아름다운 사랑의 모습이다.

- 존 셰필드 -

🌳 사랑은 사람을 치료治療한다.
받는 사람
주는 사람
모두에게 행복幸福을 가져다주니까.

👄 희망希望이 인생의 소금이라면, 꿈과 사랑은 인생의 사탕이다.
꿈과 사랑이 없다면 인생은 쓰디쓰니까.

보리장나무 : 부부애, 결혼

사랑이 방문을 열고 들어오면, 지혜는 창문을 열고 나간다.

사랑을 아파 본 사람은 안다.
사랑을 느껴 본 사람은 안다.
사랑을 누려 본 사람은 안다.
사랑을 나눠 본 사람은 안다.
사랑은 욕심慾心을 버려야 하고,
미움을 떨쳐버려야 한다는 것을.

말리면 말릴수록 불타는 것이 사랑이다. 졸졸 흐르는 시냇물도 막으면 거세게 흐르는 것처럼.
- 셰익스피어 -

오구나무 : 등불

LOVE 사랑은 이해理解의 다른 이름이다.　　　　　　　- 타고르 -

여성은 성性의 경험經驗에 의해서 서서히 육체적 쾌락에 대하여 눈을 뜨게 된다. 경험이란 섹스의 반복反復이다. 반복하는 동안 섹스의 쾌감快感을 느끼게 되는데, 이것은 육체가 성의 쾌락에 길들여졌다는 것이다.

눈을 감으면 아무것도 볼 수 없다. 하지만 오히려 눈을 감아야 잘 보이는 것이 있다. 바로 그리운 사람이다.

사과대추나무 : 처음 만남

🔠 당신을 사랑하는 사람은 당신을 울릴 것이다.

- 아르헨티나 격언 -

🌳 사랑하는 사람을 '자기야'라고 부르는 것은, '자기야'는 자기 자신을 부르는 말이다. 즉, 사랑하는 사람은 자신의 분신分身이라는 것이자, 사랑하는 사람 안에 내가 있고 내 안에 사랑하는 사람이 있다는 것이다.

👄 사랑의 감정感情은 눈으로 확인確認할 수 없고, 단지 몸과 마음으로 느끼는 것이다.

참식나무 : 못다한 사랑

🆎 인간은 무엇보다도 성욕性慾 앞에서는 한없이 무기력해진다.

🌳 사랑을 해보아야 그의 악惡함을 알 수 있고,
미워해 보아야 그의 선량善良함을 알 수 있다.

👄 사랑은 죽음보다도 강强하고, 죽음의 공포恐怖보다도 더 강하다.

− 플라톤 −

황벽나무 : 숨겨진 보물

내가 사랑하는 사람이 나를 사랑하는 것은 기적奇蹟이다.

사랑은 인간에게 무아지경無我之境을 가르쳐 준다.
그렇기 때문에 사랑은 인간을 고통苦痛에서 구해준다.

- 톨스토이 -

성욕性慾은 인간의 욕망慾望중에서도 가장 악착스럽고 집요한 욕망임과 동시에 미묘한 쾌락快樂을 수반隨伴한다.

염주나무 : 자유로운 마음, 기다림

사랑하는 사람을 앞에 두고 성욕性慾을 통제統制하는 것은 너무나 가혹한 형벌刑罰이다.

보고 싶다는 말은 마음속에서 표현表現되는 사랑의 언어言語이다. 보고 싶다는 말은 사랑한다는 말보다 더 사랑한다는 뜻이 담겨있다.

너를 영원히 사랑한다는 말은, 초는 녹을지언정 촛불이 살아 있는 동안 계속 타겠다는 말과 같다.

- 톨스토이 -

헛개나무 : 결속

💖 부처님께서 말씀하시기를 여색女色을 경계境界하는 것이
가장 어려운 일이라고 했다.

🌳 지혜智慧로운 사람은 이익利益이 있어서 사랑하는 것이 아니라,
사랑한다는 그 자체 속에 행복幸福을 느낌으로써 사랑하는 것이다.

👄 사람이 진심眞心을 다해 사랑하는 것은 단 한 번뿐이다.
그것이 첫사랑이다.   - 라. 브리에르 -

초피나무 : 희생

여자의 운명運命은 첫 입맞춤 때에 결정決定된다.

- 모파상 -

 연애戀愛는 입맞춤으로 굳은 꽃망울을 여는 것이지만, 입맞춤은 다시 꿀을 찾아서 더깊이 들어간다.

진정한 사랑과 우정友情은 인간관계를 넘어서 영혼靈魂의 교감交感이자, 삶의 동반자同伴者이다.

메타세콰이어나무 : 영원한 친구

연애戀愛와 전쟁戰爭은 수단手段과 방법方法을 가리지 않는다.

150억 년 우주의 역사歷史 속에 오직 하나뿐인 아주 귀중한 꽃이 바로 사랑하는 당신當身이다.

사랑은 희생犧牲일 때 이외에는 사랑이라는 이름에 적합適合하지 않다.

-R 롤랑 -

돌뽕나무 : 지혜, 못이룬 사랑

💘 사랑은 너무나 잘 휘어지고 구부러지기 쉬운 것이다.

🌳 사랑받고 싶다면 얼굴만 화장化粧하지 말고 마음까지 화장해야 한다. 마음까지 화장하는 사람은 사랑과 행복幸福이 늘 곁에 있지만, 얼굴만 화장하는 사람은 불행不幸이 따라다닌다.

👄 연애戀愛란 한 여성이 다른 여성과 다르다고 하는 망상妄想이다.

― 멘 켄 ―

버드나무 : 솔직

 로맨스는 부유한 자의 특권特權이지 가난한 자의 것은 아니다.

- 오스카 와일드 -

🌳 행복幸福하게 살고 싶으면 가슴속 증오憎惡, 미움, 상처傷處 등은 깃털처럼 날려 버리고 오직 가슴에 사랑만 남겨야 한다.

👄 사랑에는 연령 제한年齡制限이 없다.
왜?
언제든지 할 수 있는 것이니까.

참빗살나무 : 위험한 사랑

🆎 이웃 사람을 사랑할지언정 이웃 일에는 간섭干涉하지 말라.

- 프랑스 속담 -

🌳 번뇌煩惱를 등에 짊어지고 가면 짐이 되고, 가슴에 안고 가면 사랑이 된다. 그래서 아기는 짊어지는 것이 아니라 사랑이 가득 담긴 말 '업고 간다'고 한다.

👄 사랑은 인생을 처방處方하는 가장 '강력强力한 진통제鎭痛劑'인 만큼 서로 사랑하며 살아가야 한다.

가침박달나무 : 숨겨진 아름다움

 우리는 감탄感歎과 희망希望과 사랑으로 산다.

- 윌리엄 워즈워드 -

🌳 추醜한 사랑은 사랑을 애들 장난감 취급하듯 한다.
애들은 장난감을 학대虐待한 후 버리니까.

👄 모든 목숨이 호흡呼吸에 달렸듯이, 모든 사랑의 생명줄은 마음과 영혼靈魂에 달려있다.

노각나무 : 견고, 정의

🔠 사랑 없이 사는 인생 人生은 사는 것이 아니라 산송장이다.

🌳 누구한테도 사랑받지 못한다는 것은 참혹 慘酷한 고통 苦痛이지만, 아무도 사랑할 수 없다는 것은 죽음과 같다.

— 라이크스티 —

👄 사랑은 한 조각의 뜬구름이 일어나는 것이고,
이별 離別은 그 한 조각 뜬구름이 사라지는 것이다.

검팽나무 : 한사랑

LOVE 사랑의 힘은 몸으로 사랑을 경험經驗하지 않으면 알 수 없다.

— 프레보 —

🌳 머리로 잰 사랑은 줄자처럼 되감기지만, 마음으로 잰 사랑은 옷고름처럼 풀어진다. 그래서 사랑은 머리가 아니라 가슴으로 해야 한다.

👄 여자가 사랑 즉, 섹스할 때 창녀娼女의 기질氣質이 없으면 그 여자는 마른나무토막과 같다.

물앵도나무 : 예상

🅛🅞🅥🅔 사랑의 유일한 보수_{報酬}는 사랑하는 것이다.

🌳 결혼_{結婚}을 위한 사랑은 인간을 만들고, 우정_{友情}어린 사랑은 인간을 완성_{完成}시키며, 육욕_{肉慾}에 치우친 사랑은 인간을 더럽히고 천하게 만든다.
― 베이컨 ―

👄 사랑할 때는 똑똑하게 하고, 섹스할 때는 행복_{幸福}하게 해야 한다.

고광나무 : 추억, 품격

💝 사랑의 첫째 조건條件은 마음의 순결純潔이다.

- 앙드레 지드 -

🌳 개가 사람에게 귀염을 받는 이유는, 주인主人을 보면 진심眞心으로 좋아하기 때문에 귀여움을 받는다. 누군가에게 사랑받고 싶으면 진심을 다해 좋아하면 된다.

👄 여자의 부정不貞보다는 정숙貞淑함이 남자의 욕정欲情을 더 자극刺戟시킨다.

- 셰익스피어 -

머루나무 : 기쁨, 박애, 자선

사랑하는 사람에게 있어 가장 나쁜 일은 그들이 할 수 있는 일을 대신해 주는 것이다.
― 에이브러햄 링컨 ―

 '그냥'이란 말을 그냥 흘려버리지 마시길.
그냥은 '그냥'이 아니다.
그냥이란 말속에는 수천수만 개의 간절懇切한 그리움이 숨겨져 있고, 당신을 부르는 애달픈 목소리가 담겨있다.

서로가 사랑하다가 헤어지는 것은 '불량不良본드 사랑'으로 접착接着하였기 때문이다.

팽나무 : 고귀함

🆎 돈이 사랑을 삼켜버리는 세상이라니, 헐~

🌳 사람과 부딪쳐서 든 멍은 지워지지만,
사랑에 부딪쳐서 든 멍은 쉽게 지워지지 않는다.

👄 사랑한다는 것은 언제나 자신을 포기抛棄하고 상대방을 생각하는 것이다
- 막스 핼러만 -

먹나무 : 애교, 즐거운 나날

💗 사랑하는 것은 천국天國을 살짝 엿보는 것이다.

🌳 사랑이란 오래 해야 하는 것이 아니라 길게 해야 하는 것이다. 오래 하는 것은 언젠가 끝이 있지만 길게 하는 것은 끝이 없으니까.

👄 금심琴心이란 거문고 소리를 통하여 자신의 마음을 표현表現한다는 뜻으로, 부인에 대한 애모愛慕의 마음을 말함이다.

자작나무 : 당신을 기다립니다

내가 이해理解하는 모든 것은 내가 사랑하기 때문에 이해한다.

— 톨스토이 —

 일엽一葉 스님(본명 김원주)의 법명法名인 일엽은, 춘원 이광수가 그의 아름다운 문체에 반하여 한국 문단의 일엽(나뭇잎 하나)이 되라는 뜻에서 지어준 것이며, 이로 인해 이광수의 애인이란 소문도 무성하였다. 일엽의 '신정조론新貞操論'에 의하면, 사랑했던 남자의 그림자를 정신적으로 완전히 지워버리는 순간 그 여인은 언제나 순결純潔하다고 주장하고 있다.

진정한 사랑은 빠지는 것이 아니라 스며드는 것이다.

남천나무 : 전화위복

 사랑은 문을 열고 들어오는 것이 아니라, 내 안에서 꽃처럼 피어나는 것이다.

인생에 있어서 최고最高의 행복幸福은 우리가 사랑받고 있음을 확신確信할 때이다.
　　　　　　　　　　　　　　　　　　　　　　- 빅토르 위고 -

우리를 삶의 모든 고통苦痛에서 해방解放시키는 낱말하나가 있다면 그 말은 바로 사랑이다.

박쥐나무 : 부귀

LOVE 변화變化가 생길 때 변하는 사랑은 사랑이 아니다.

 세상에는 빵 한 조각 때문에 죽어가는 사람도 많지만, 작은 사랑도 못 해보고 죽어가는 사람이 더 많다.

- 마더 테레사 -

누구를 사랑한다고 해서 무조건 감싸야 한다는 것은 아니다. 사랑은 상처傷處를 감싸는 붕대가 아니니까.

닥나무 : 당신에게 부를 드려요

💖 삶의 진정眞正한 가치價値는 사랑에 있다.

🌳 성경聖經의 창세기 2장 24절~25절에 의하면, '아담과 그의 아내 이브가 벌거벗었으나 부끄러워 아니하더라'라고 기술되어 있다. 이는〈구약성경〉에서 성性은 하나님의 창조 역사歷史의 일부이자 축복祝福이기 때문에 부끄럽거나 수치羞恥스러운 것이 아니라고 명문화明文化한 것이다.

👄 늘 감사하는 마음으로 사랑하는 마음으로 살아야 한다.
감사하는 마음과 사랑하는 마음은 기쁨의 상품권商品券이니까.

손수건나무 : 이별, 눈물

사랑으로 짠 손수건 한 장은 수많은 사람의 눈물을 기쁨으로 만들어준다.

사랑은 잘 나서 하는 것이 아니다.
두 사람이 모든 가면假面을 벗고 나설 때 사랑은 시작된다.

열정적熱情的인 사랑을 해보지 못한 사람은 인생의 절반 그것도 가장 아름다운 절반을 잃고 있다.
　　　　　　　　　　　　　　　　　　　　　　- 스탕달 -

무궁화나무 : 섬세한 아름다움

사랑하고 사랑하는 시간을 가져라.
그것은 신神이 우리에게 부여한 특권特權이다.

고독孤獨하다는 것은 아직도 나에게 소망所望이 있다는 것이고,
삶이 남아 있다는 것이며, 그리움이 남아 있다는 것이다.
즉, 사랑이 살아 숨 쉰다는 것이다.

사랑하는 것이 인생人生이다.
사람과 사람 사이의 결합結合이 있는 곳에 기쁨이 있다.
- 괴테 -

머귀나무 : 사모곡

애막조지愛莫助之란 사랑하지만 도와줄 수가 없다는 뜻이다.

한 번의 미소微笑는 한 번의 사랑이고,
한 번의 미소는 한 번의 용서容恕이며,
한 번의 미소는 한 번의 행복幸福이다.
미소를 시작하는 순간부터 행복은 스스로 찾아온다.

한 방울의 사랑일지라도 금화金貨가 가득 찬 주머니보다 가치價値가 있다.

- 보델슈빙크 -

차나무 : 추억

LOVE 사랑과 술은 사람들을 모두 취醉하게 한다.

🌳 사랑은 아름다운 여자를 만나서부터 그녀가 호박처럼 생겼음을 발견發見하기까지의 즐거운 시간이다.   - 존 배리모어 -

👄 지식知識은 사랑과 무관하지만, 지혜智慧는 안쪽을 뒤져보면 사랑으로 넘쳐 있다.

꾸지나무 : 겸손

사랑은 모든 사람들의 삶이며 꿈이며 목적이다.

아무리 정신이 고결高潔한 도공陶工이라도 영원히 깨어지지 않는
도자기를 만든 적이 없듯이, 아무리 영혼靈魂이 순결純潔한 사랑이라
하더라도 언젠가는 금이 가고 만다. 그래서 사랑에는
유통기한流通期限도 쉼표도 마침표도 없다.
헌 사랑이 떠나면 새 사랑이 오니까.

사랑은 봄에 피는 꽃과 같다.
온갖 것에 희망希望을 품게 하고, 달콤한 향기香氣를 풍긴다.

- 귀스타브 플로베르 -

금사슬나무 : 슬픈 아름다움

🅛🅞🅥🅔 사랑이 필요必要한 사람은 완전完全한 인간이 아니라 불완전한 인간이야말로 사랑이 필요하다.　　　　　- 오스카 와일드 -

🌳 백제 30대 임금 무왕의 어릴 적 이름은 서동薯童이었고, 신라 진평왕의 셋째 딸 선화공주를 유혹하여 왕비로 삼았다. 한편 그의 어머니는 과부로서, 서울 남지변에 집을 짓고 살다가 연못 속에 살던 용龍과 사통私通하여 무왕을 낳았다고 전하고 있다.

👄 사랑을 얻기 위해 거짓으로 진실을 위장僞裝하지 마라. 위장된 사랑은 물풍선 같아서 금방 터져버린다.

등나무 : 사랑에 취함

사랑은 진정한 인간의 모습을 갖게 하는 자신自身의 거울이다.

진정眞情으로 사랑하는 사람은 자신의 사랑을 증명證明하려고 노력하지 않는다. 말로 설명說明하지 않고서는 이해되지 않는 사랑은 아무런 가치價値가 없는 사랑이니까.

진정眞情한 사랑의 조건條件은 희생적인 헌신獻身이다.

- 뒤파유 -

세계사 속의
대표

바람둥이

⭐ 세계사 속의 대표 바람둥이 1

성욕性慾은 인류의 가장 근본적인 욕망慾望이다.

불멸不滅의 유혹 카사노바, 그가 세계적인 바람둥이가 될 수 있었던 것은 다재다능(성직자, 작가, 시인, 음악가, 과학자, 외교관)함과 폭넓은 교제交際가 있었기 때문이
다. 카사노바 왈 "나는 여인을 사랑했다. 하지만 내가 진정眞正 사랑한 것은 자유였다"라고 외친 그는 1934년 9살 때 베티나에게 동정童貞을 받쳤고, 1000명이 넘는 여인들과의 섹스는 단순한 욕정慾情을 배설排泄하는 행위가 아니라 언제나 진심으로 여자를 사랑한 진정한 낭만주의자浪漫主義者였지만, 원초적 본능을 숨기지 않고 감각感覺이 원하는 대로 쾌락快樂을 즐기는 자이기도 하였다.

⭐ 세계사 속의 대표 바람둥이 2

교황敎皇 알렉산데르 6세, 가장 타락墮落한 교황으로 알려진 그는 자식만 8명이고, 귀족의 딸, 하녀, 창녀, 배우 할 것 없이 닥치는 대로 정사情事를 나눈 그의 별명別名은 바티칸의 네로 황제였다.

⭐ **세계사 속의 대표 바람둥이 3**

모로코 술탄물레이 이스마일, 기네스북에 기록된 자녀만 888명이고, 프랑스 외교관의 기록에 의하면 무려 4명의 부인과 500여 명의 첩妾 사이에 1,171명의 자녀를 두었으며, 학자學者들의 연구硏究에 따르면 32년 동안 하루 0.83~1.43회의 성관계를 맺었다고 한다.

⭐ **세계사 속의 대표 바람둥이 4**

돈 후안(돈 조반니), 서양西洋에서 카사노바와 함께 바람둥이의 양대 산맥으로 명망名望이 높았던 그는 무려 2,065명의 여성을 정복征服한 스페인의 전설傳說로 전해오는 인물이다. 돈 후안은 1787년 모차르트의 오페라에 '돈 조반니'로 등장하였다.

⭐ **세계사 속의 대표 바람둥이 5**

아우구스트 2세, 폴란드 왕국王國의 국왕國王으로서, 여자들을 가까이에 둔 결과結果 무려 354명의 사생아私生兒가 태어났으며, 심지어 자신의 딸도 욕정慾情의 대상이였다.

⭐ **세계사 속의 대표 바람둥이 6**

자코모 푸치니(이탈리아 태생), 세계적인 오페라 작곡가인 그는 친구의 아내 엘비라와 성 관계를 맺었고, 20살인 코린나, 유부녀有夫女 요제피네, 시빌 셀리그먼에제등 수백 명의 여인들과 정사情事를 나눈 그에게 늘 따라다니는 수식어修飾語는 오페라계의 카사노바로 통하였다. 나비부인은 일본을 배경으로, 서부의 아가씨는 미국 서부를 배경으로, 투란도트는 중국을 배경으로 작곡한 곡이다.

⭐ **세계사 속의 대표 바람둥이 7**

고려高麗태조 왕건, 왕건은 29명의 부인과 34명(남 25명, 여 9명)의 자녀를 두었지만, 난봉꾼 기질氣質보다는 불안한 왕조를 지키기 위해서 지방 호족豪族들과 공신功臣들의 딸을 왕비로 삼았던 것이다.

⭐ **세계사 속의 대표 바람둥이 8**

율리우스 카이사르, 고대古代 지중해의 세계사를 지배하면서 로마 제국사의 전환점을 마련했던 율리우스 카이사르는, 세계사 속의 가장 유명한 미인 중 한 사람인 클레오파트라의 연인이기도 하지만, 사실 클레오파트라는 카이사르의 수많은 여인 중 한 명에 불과 할 뿐이었다. 당시 로마에서는 "로마의 남편男便들이여 아내를 감추어라 대머리 난봉꾼 카이사르가 나가신다"라고 하였으니까.

⭐ 세계사 속의 대표 바람둥이 9

바이런(낭만주의 시인). 이복누나 어거스트, 사촌 동생 등 근친상간은 물론 친구 누나, 이웃집 과부寡婦, 영국총리 부인이 될 캐롤라인 램과도 불륜을 저지른 자이다.

⭐ 세계사 속의 대표 바람둥이 10

허균, 조선시대 대표 난봉꾼, 주로 기생들과 염문을 뿌렸지만, 가장 유명했던 스캔들의 주인공主人公은 기생 매창과의 사랑이었다. 매창과는 육체적肉體的 관계가 아닌 정신적精神的 사랑 즉, 플라토닉 러브로서 낭만적浪漫的인 진면목을 보여주었다.

허균 왈 "매혹적魅惑的인 여자를 만나면 성욕性慾을 느끼는 것은 하늘의 뜻이고,

인간들이 도덕적인 굴레를 만들어 성욕을 강제로 감금 시키는 것은 하늘의 뜻을 배신背信하는 것인 만큼 나는 하늘의 뜻을 따르겠다."고 외치다가 자신의 제자인 광해군에게 사문난적斯文亂賊으로 처형당하였다.

⭐ **세계사 속의 대표 바람둥이 11**

히카루 겐지,

일본日本역사를 대표하는 히카루 겐지는 54명의 첩妾을 두고도, 계모, 숙모, 형제 약혼녀, 부하의 처와 딸, 사촌, 과부와 그의 딸들에게까지 인간이 아니라 금수禽獸와 같은 짓을 한 놈이다.

⭐ **세계사 속의 대표 바람둥이 12**

피카소(스페인 태생), 몽마르트 시절 첫 여인 페르낭드 올리비는 그의 전속 모델로서 원시적原始的인 육체肉體와 단순함에 매력을 느꼈고

두 번째는 러시아 발레리나인 에바구엘

세 번째는 올가코 클로바

네 번째는 마리 테레즈 발터

다섯 번째는 도라 마일

여섯 번째 프랑수와즈 질로

일곱 번째는 자클린 로크로 등

공인公人된 여인만 7명, 그는 동거同居, 결혼結婚, 이혼離婚을 계속 반복하면서 수십명의 여인들과 관계를 맺었다.

김삿갓의
해학 諧謔과
풍자시 諷刺詩

김삿갓의 해학諧謔과 풍자시諷刺詩 1

-雲雨之情(운우지정)이 아니라 雲雨之情事(운우지정사)-

김삿갓이 기생의 치마폭에 쌓여 풍류風流와 향락享樂을 즐기다 젊은 나이에 요절한 사또 아들에게 지은 시詩.

'爲爲不厭更爲爲(위위불염갱위위)'
 해도 해도 싫지 않아 다시 하고 또 하고,

'不爲不爲更爲爲(불위불위갱위위)'
 안 하겠다고 하면서 다시 하고 또 한다.

남녀男女간 운우雲雨의 정情은 아무리 해도 끝도 없고, 하고 또 해도 싫증이 나지 않는다는 것을 단 네 자 즉, 위爲, 불 不, 염 厭, 갱 更을 가지고 절묘하게 표현한 천재 시인 김삿갓은 과연 시재詩才의 달인達人이었다.

김삿갓의 해학諧謔과 풍자시諷刺詩 2

- 自知(자지)면 晩知(만지)고 -

自知(자지)면 晩知(만지)고,
자기 혼자서 알고자 하면 늦게 알게 되고,

補知(보지)면 早知(조지)라.
남의 도움을 받아 알려고 하면 빨리 알게 된다.

補智(보지)면 晩智(만지)고,
남의 도움을 받아 깨달으려 하면 늦게 깨닫고,

自智(자지)면 早智(조지)라.
스스로 깨달으려 하면 일찍 깨닫는다.

김삿갓의 해학諧謔과 풍자시諷刺詩 3

- 辱說某書堂(욕설모서당) -

김삿갓이 추운 겨울날 서당書堂 훈장訓長에게 하룻밤을 청하였다가 야박하게 거절당한 후 훈장을 모욕侮辱한 시詩.

'書堂乃早知(서당내조지)' 고,
　아침 일찍 서당에 오니,

'房中皆尊物(방중개존물)' 일세,
　방안에 모두 귀한 분들일세.

'生徒諸未十(생도제미십)' 이고,
　배우는 학생은 10명도 안 되고,

'先生來不謁(선생래불알)' 이니라.
　선생은 와서 아는 체도 않네.

김삿갓의 해학諧謔과 풍자시諷刺詩 4

- 김삿갓이 단천端川에서
  홍련紅蓮아씨와 첫날밤을 보내면서 일필一筆한 시詩 -

[김삿갓]
　'毛深內闊必過他人(모심내활 필과타인)',
　　털이 깊고 속은 넓고 허전하니 반드시 어떤 놈이 지나간 자취로다.

[홍련]
　'溪邊楊柳不雨長(계변양류 불우장)',
　　시냇가의 수양버들은 비가 오지 않아도 잘 자라고,

　'後園黃栗不蜂坼(후원황률 불봉탁)'
　　뒷동산의 익은 밤은 벌이 쏘지 않아도 저절로 벌어진다는
　　홍련 아씨의 시詩 한 수에 탄복한 김삿갓은 홍련 아씨를 다시 안아
　　주었다고 한다.

김삿갓의 해학諧謔과 풍자시諷刺詩 5

- 白蛤笑(백합소), 조개가 웃다. -

靑袍帶下 紫腎怒(청포대하자신노)
푸른 도포 허리띠 아래에서 남자의 물건이 성이 났구나.

紅裳袴中 白蛤笑(홍상고중백합소)
붉은 치마 고쟁이 속에 있는 흰 조개가 좋아서 웃고 있네.

無骨將軍 命進擎(무골장군명진경)
뼈 없는 장군(남자의 성기)이 공격 명령을 내리니,

玉谷蛤下 役白旗(옥곡합하역백기)
옥처럼 깨끗한 계곡溪谷 물의 조개가 백기를 들고 행복幸福해 하면서 항복을 하네.

김삿갓의 해학諧謔과 풍자시諷刺詩 6

- 잘난척하는 기생에게 -

爾年十九齡(이년십구령)
  네 나이 열아홉에,

乃早知瑟琴(내조지슬금)
  일찍이 거문고를 탈 줄 알고,

速速拍高低(속속박고저)
  박자와 고저장단까지 빨리 알고,

勿難譜知音(물난보지음)
  어려운 악보와 음을 깨우쳤구나.

김삿갓의 해학諧謔과 풍자시諷刺詩 7

- 知未時八 安逝眠(지미시팔 안서면) -

知未時八 安逝眠(지미시팔 안서면)
 아침 여덟 시 전에 편안히 죽은 듯 잠자고 있으면,
自知主人 何利吾(자지주인 하리오)
 스스로 대접받는 주인 노릇 할 수 없음을 알아야 하느니,
女人思郞 一切到(여인사랑 일체도)
 여인이 남정네를 사랑하면 모든 것 일체가,
絶頂滿喫 慾中慾(절정만끽 욕중욕)
 절정의 순간을 만끽하는데 이르니, 욕망 중 으뜸이로다.
男子道理 無言歌(남자도리 무언가)
 남자의 도리란 말없이 행동으로 보여줘야 하거늘,
於理下與 八字歌(어이하여 팔자가)
 순리에 따른다면 팔자타령으로 돌리면 그만이지만,
岸西面逝 世又旅(안서면서 세우려)
 해지는 서녘 바다 떠나야 할 때 이 속세 여정 다시 걷고파.
飛我巨裸 王中王(비아거라 왕중왕)
 모든 것 벗어버리고 날아가니 왕중왕이 따로 없구나.

※ 김삿갓 시대에도 남정네들이 그렇게 원하는 비아거라飛我巨裸가
  있었다니.... 진짜 헐~

김삿갓의 해학諧謔과 풍자시諷刺詩 8

- 秋美愛(추미애), 가을의 아름다운 애잔함 -

秋美哀歌 靜晨竝(추미애가정신병)
　가을날 곱고 슬픈 노래가 새벽에 고요히 퍼지니

雅霧來到 迷親然(아무래도미친연)
　아름다운 안개가 홀연히 와 가까이 드리운다.

剴發小發 皆雙然(개발소발개쌍연)
　기세 좋은 것이나 소박한 것이나 둘 다 그러하여

愛悲哀美 竹一然(애비애미죽일연)
　사랑은 슬프고 애잔하여 아름다움이 하나인듯하다네.

※ 190년 전에 쓴 이 아름답고 낭만이 깃들어
　 있는 시詩를 정치적으로 이용하지 마시고
　 자연自然의 눈과 마음으로 보시길.

김삿갓의 해학諧謔과 풍자시諷刺詩 9

- 情談(정담) -

[김삿갓]
  樓上相逢 視目明(누상상봉시목명)인데,
   누상의 그댈 보니 눈이 아름다워,
  有情無語 似無情(유정무어사무정)이라,
   정은 있으나 말이 없어 정이 없는 것 같구나.

[홍련]
  花無一語 多情蜜(화무일어다정밀)이요,
   꽃은 말이 없어도 꿀이 많아 달콤하고,
  月不踰墻 問深房(월불유장문심방)이라오.
   달은 담장을 넘지 않아도 깊은 방안을 찾는다오.

[김삿갓]
  探花狂蝶半夜行(탐화광접반야행)
   미친 나비 꽃을 탐내 한밤에 찾아드니,
  百花深處摠無情(백화심처총무정)
   깊은 곳에 숨은 꽃들은 다 무정하구나.
  慾探紅蓮南浦去(욕탐홍련남포거)
   붉은 연꽃(홍련아씨)을 따려고 남포에 갔더니,

洞庭秋波小舟驚(동정추파소주경)
　동정호 가을 물결에 조각배(김삿갓)가 놀라네.

여기서 추파(秋波, 가을물결)는 홍련이 김삿갓에게 추파를
보내니, 작은 배인 자신(삿갓)이 놀랐다는 뜻이다.
김삿갓은 당당하고 직설적이면서, 분명하게 홍련에게 자신의
욕정慾情을 표현한 것이다.

[홍련]
　今宵狂蝶花裡宿(금소광접화리숙)
　　오늘 밤 미친 나비가 꽃 속에서 잠을 자고,
　明日忽飛 向誰怨(명일홀비 향수원)
　　내일 홀연히 날아간들 누구를 원망하리오.

※ 김삿갓은 다시 한번 가슴을 치는 충격을 받았다.
　　이 시는 깊은 사랑과 연민과 통찰이 녹아있다.

홍련은 국가대표급 풍류남아 김삿갓을
너무나 잘 알고 있었다.
자기에게 매여 머물 사람이 아니라는 것을,
드디어 방문이 열리고 김삿갓은
홍련을 마음껏 안아주었다.

김삿갓의 해학諧謔과 풍자시諷刺詩 10

- 玉門詩(옥문시) -

遠看 死馬目(원간사마목)
　멀리서 보면 죽은 말 눈이고,

近視 半開蛤(근시반개합)
　가까이서 보면 반쯤 열린 조개 같은데,

兩脣 無一齒(양순 무일치)
　두 입술엔 이가 하나도 없네,

無骨將軍 腎揷人(무골장군 신삽인)하니,
　뼈 없는 장군(남자의 성기를 뜻함)이 쳐들어가니,

快樂而 極致(쾌락이 극치)로다.
　쾌락이 극에 달하는구나.

김삿갓의 해학諧謔과 풍자시諷刺詩 11
- 시아비와 며느리의 불륜관계 -

父嚥其上 婦嚥其下 (부연기상 부연기하)
 "시아비는 며느리 유방을 빨고, 며느리는 그 아래를 빠네."

上下不同 其味卽同 (상하부동 기미즉동)
 "위와 아래는 같지 않지만, 그 맛은 한가지일세."

父嚥其二 婦嚥其一 (부연기이 부연기일)
 "시아비는 그 둘(유방)을 빨고, 며느리는 그 하나를 빠네."

一二不同 其味卽同 (일이부동 기미즉동)
 "하나와 둘은 같지 않지만, 그 맛은 한가지일세."

父嚥其甘 婦嚥其酸 (부연기감 부연기산)
 "시아비는 그 단(젖)곳을 빨고, 며느리는 그 신(정액)곳을 빠네."

甘酸不同 其味卽同 (감산부동 기미즉동)
 "단것과 신 것이 같지 않지만, 그 맛은 한가지일세."

시아비와 며느리의 불륜관계를 직설적으로 표현한 시다.
 불륜의 관계이기는 하지만 성행위性行爲에 있어서 애무愛撫의 농도가 이 정도면 가히 현대판現代版 포르노를 능가한다고 할 것이다.
 조선시대의 성적 기교는 현대판보다 한 수 위가 아닐까 싶다.
 여기서 上, 二, 甘(감)은 며느리의 젖을 말하고
  下, 一, 酸(산)은 시아버지의 좆을 뜻한다.

얼씨구蘗氏求, 절씨구卍氏求, 지하자졸씨구至下者卒氏救

외세침략을 900회 이상 받은 우리나라는, 한번 전쟁을 치르고 나면 전쟁에 나간 남자들은 거의 씨가 말라버릴 정도로 많이 죽었다.

그러다 보니 졸지에 과부가 된 여자들과 과년한 처녀들은 시집도 못 가고 아이를 낳고 싶어도 낳을 수가 없었다.

어디를 간다 해도 쉽게 씨를 받기가 어려웠던 것이다. 그래서 한이 맺쳐 하는 소리가 있었으니, 그 소리가 바로 "얼씨구 절씨구 지하자졸씨구"였다고 한다.

☞ 그 말뜻은

- 얼씨구(蘗氏求) : 세상에서 가장 멸시당하는 서자庶子의 씨라도 구해야겠네.
- 절씨구(卍氏求) : 당시 사회에서 천노賤奴였던 중의 씨라도 받아야겠네.
- 지하자졸씨구(至下者卒氏求) : 가장 낮은 졸병의 씨라도 구해야겠네.

이렇게 남자의 씨를 구하고자 했던 아픈 사연이 숨어 있다고 한다.

한자 원문을 풀이해 보면 다음과 같다.

■ 얼씨구(孼氏求)란?
- 얼(孼) : 첩 자식 얼 (=서자庶子)
- 씨(氏) : 성씨
- 구(求) : 구할 구, 구걸할 구, 짝 구, 찾을 구, 바랄 구

우리나라의 가족사에 서얼庶孼이란 말이 있다. 서자庶子와 얼자孼子를 합친 말이다.

서자庶子는 양반의 남자가 양가나 중인의 여자를 첩으로 얻어 낳은 자식을 말하며,

얼자孼子는 천민의 여자로부터 얻은 자식을 말한다.
그러니 천대받는 서얼庶孼의 씨라도 구한다는 의미가 되는 것이다.

■ 또 절씨구(卍氏求)란?

절간에서 씨를 구한다는 의미이니 중의 씨를 구한다는 뜻인데 당시 승려는 사노비私奴婢와 백정, 무당, 광대, 상여꾼, 기생妓生, 공장工匠과 함께 팔천八賤이라 하여 천민賤民에서도 최하위 천민에 속해 있었다. 그래서 천민에 속해 있는 중의 씨라도 구한다는 의미가 된다.

■ 지하자졸씨구(至下者卒氏救)는

- **지**(至) : 이를지, 지극할지,
- **하**(下) : 낮을 하, 아래 하.
- **자**(者) : 놈 자
- **졸**(卒) : 종 졸

세상에서 가장 바닥생활을 하던 자로 어딘가 모자라고 신체적으로 불구 至下者인 이들은 전쟁터에 나가는 최하위 졸병들의 수발을 들며, 허드레 막일을 하던 사람들이었다.
한마디로 병신病身인 졸병의 씨라도 구한다는 의미다.

우린 각설이 타령에 이런 가슴 아픈 의미가 숨어 있는지도 모르고, 그저 각설이 타령은 거지들이 구걸하는 모습으로만 알고 있었으니 실로 안타깝기 그지없다.

더 나아가 술자리에서 건배를 하며 태평성대를 즐기는 듯 '얼씨구절씨구 지하자 좋다' 하면서 술을 마시고 춤을 추고 있었으니 이 일을 어찌하면 좋을런지?

송강 정철과
기생 진옥의
풍자시 諷刺詩

송강 정철과 기생 진옥의 풍자시諷刺詩

정철(鄭澈) ; 진옥(眞玉)에게

옥玉이 옥玉이라커늘 번옥燔玉인 줄 알았는데 알고 보니 진옥眞玉일세. 나에게 살송곳 있어 그대를 뚫어볼까 하노라.

진옥(眞玉) ; 정철(鄭澈)에게

철鐵이 철鐵이라커늘 섭철鐵인 줄 알았는데 알고 보니 정철正鐵일세. 나에게 골풀무 있어 그대를 녹여볼까 하노라.

- '번옥燔玉'은 옥돌가루를 구워 만든 가짜 옥玉
- '살송곳'은 남성의 심벌symbol인 성기를 말함.
- '섭철(섭鐵)'은 잡다한 쇳가루가 섞인 쇠
- '정철正鐵'은 강철
- '골풀무'는 쇠를 달구는 대장간 풀무로서 즉, 여자의 성기를 말함.

정철은 1591년 세자 책봉 문제로 선조의 노여움을 사서 함경도 강계에서 귀양살이를 할 때 소녀기생 진옥(18세)을 만나 1593년 12월 18일 강화도에서 생을 마감할 때까지 그리워했던 여인이었다.

음양의 이치

보지, 자지, 씹, 좆의 어근

　보지, 자지, 씹, 좆이라는 단어_{單語}를 꺼리는 이유는 사람들이 자주 사용_{使用}하지 않아서 왠지 천박_{淺薄}해 보여서다.
　우리가 정확히 몰라서 그렇지 오히려 권장하고 발전_{發展}시켜야 할 고유_{固有}의 아름다운 말이다.
　결국 보지, 자지, 씹, 좆은 본래 종자_{種子} 즉, '씨'라는 한 가지의 뜻을 담고 있다.

　'씹'은 '여자 어른의 보지'로서 남자의 씨(정액)를 받아 아이를 만드는 초입_{初入}의 구실을 한다는 것이고,
　'씹'은 '씨'와 '입'의 순수 우리말의 복합어(_{複合語})로, 씹입……씹……씨의 입(口)이라는 뜻이다.

　이 또한 얼마나 아름다운가?
　아름답다 못해 낭만적_{浪漫的}이다.
　몸의 일부 일지언정, 의인화_{擬人化}시켜서 생각하는, 우리 조상들의 인본주의_{人本主義}사상이 곁들어 있는 말이 바로 '씹'이다.

　평소 이런 우리말을 자주 쓰지 않으면 나중에 이 아름다운 뜻을 가진 말들은 모두 사라지게 된다.

문화적 사대주의가 별것 아니다.

팝송을 부르고 일본 만화를 밤새보는 게 사대주의가 아니라 보지, 자지, 씹, 좆과 같은 순수한 좋은 우리말을 천시賤視하고, 내팽개쳐두는 것이 바로 문화적 사대주의이다.

오늘부터 당신의 연인戀人이나 배우자와 사랑을 속삭일 때 섹스sex란 외래어보다 당당히 보지와 자지, 그리고 씹과 좆을 말해보시라.

성교性交 한번 하자. 섹스 한번 하자가 아니라, 씹 한번 하자라고 하면, 사랑이 더욱더 불타오를 것이다.

■ '좆'과 '씹'은 주역周易의 이원론二元論이다.

　우리나라 욕辱은 동양 사상의 주축인 주역의 이원론이라고 말할 수 있다. 이원론은 바로 음양陰陽의 조화로 인해 세상이 움직이고 있다는 이론이다.
　구체적인 예로서 '좆'과 '씹'을 말하는 것이다.
　욕 가운데 가장 많은 응용應用과 변형變形이 되고 있는 것이 바로 '좆'과 '씹'이다.
　아이러니컬하게도 '좆'과 '씹'은 욕辱과는 거리가 먼 단어다.
　국어사전적으로 좆=어른의 자지,
　　　　　　　　씹=어른의 보지 혹은 성행위性行爲를 말한다.
　즉, 어른의 성기性器를 나타낸 말이다.
　성교性交를 나타내는 말로 '좆'한다가 아니라 '씹'한다라고 한다.
　그 이유는,
　우리나라는 예로부터 농경 국가農耕 國家였기 때문에 다산多産을 기원하는 마음으로 성행위에 대하여 다분히 메커니즘Mechaniem적 사고를 잠재적으로 가지고 있었다고 본다.
　그래서 성행위시 들이미는 즉, 능동적能動的 행동이 아니라, 받아들인다는 수동적受動的 의미로서, 좆을 삽입挿入한다는 뜻으로 '좆' 한다가 아니라, '씹'한다라고 성행위를 표현하고 있다.
　유식해 보이기 위해 소위 '좆'을 한자어漢字語로 양물陽物로, '씹'을 음문陰門으로, '씹'하자를 영어로 섹스sex하자고 하는 것은, 너무나 아름답고 너무나 낭만적浪漫的인 순 우리말, '씹'과 '좆'을 한없이 무시하는 것이다.
　소위 '씹'과 '좆'이 욕이라고 인정하더라도, 욕은 우리들의 일상생활에서 떼려야 뗄 수 없는 언어 수단이다. 인간이 아니고서는 욕을 할 줄 모른다.
　역설적逆說的으로 욕은 가장 인간다운 것이자, 언어의 양념이다.

퇴계 이황과 백사 이황복

■ 퇴계 이황과 백사 이항복

조선 왕조 14대 임금인 선조宣祖 때의 일이다.

퇴계退溪 선생이 벼슬에서 물러난 후, 선조의 부름으로 입궐하게 되었는데 퇴계를 맞이한 백관百官들은 퇴계의 성리학性理學에 대하여 알고 싶은 것이 많아 남문 밖의 한가한 곳으로 안내했다.

그때 어린 소년이 나타나 퇴계에게 절을 하면서,

"소생小生 듣자 하니, 선생께서는 독서讀書를 많이 하여 모르는 것이 없다고 하기에 여쭈어봅니다.

여자의 소문小門을 '보지'라 하고, 남자의 양경陽莖을 '자지'라 하니 그것은 무슨 까닭입니까?"

퇴계는 얼굴빛을 고치고 자세를 바로 한 후,
대답하기를,

"여자의 소문小門은 걸어 다닐 때 감추어진다 해서 걸을 '보步', 감출 '장藏', 갈 '지之' 세자로 '보장지步藏之'라 한 것인데 말하기 쉽도록 감출 '장藏'을 빼고 '보지'라 한 것이고, 남자의 양경은 앉아있을 때 감추어진다고 해서 앉을 '좌座', 감출 '장藏', 갈 '지之' 세자로 '좌장지坐藏之'라 한 것인데 이것 역시 말하기 쉽도록 감출 '장藏'을 빼고 좌지라 한 것을 잘못 전해줘 발음이 변해 '자지'가 된 것이다."

소년, "잘 알겠습니다."하면서 다시 물었다.
"그런데 어른이 된 여자의 보지를 '씹'이라고 하고, 남자의 자지를 왜 '좆'이라고 합니까?"

퇴계가 다시 대답하기를,
"여자는 음기陰氣를 지녀, 보지에 물기가 있기에 축축할 '습濕'자 발음을 따라 '습'이라 한 것인데 우리말의 된 소리 때문에 습이 씁으로, 이것이 발음하기 편하게 변해 '씹'이 된 것이란다.
남자는 양기陽氣를 지녔기 때문에 건조할 '조燥'자의 발음으로 '조'라 한 것인데 이것 역시 된소리로 '좆'으로 변한 것이다."

소년은, "말씀을 듣고 나니 이치理致를 알겠습니다." 하면서 천연덕스럽게 물러가자.
백관들은 어이가 없다는 듯 서로 얼굴을 바라보면서 "뉘 집 자식인지 발랑 까져서, 싸가지 없는 말을 하는 것을 보니 분명 버린 자식일 거야."

퇴계가 이 말을 듣고 엄숙한 목소리로 백관을 나무라면서, 다만 음陰과 양陽이 서로 추잡하게 합하여 사람 마음이 천박해지는 것을 꺼리는 까닭에 쉽게 입에 올리지 않는 것이지, 순수한 마음으로 말할 적에는 백번을 말하기로써 무엇이 부끄럽겠습니까?

모든 사람이 부모에게서 태어날 때 이미 '자지'와 '보지'를 몸의 일부분으로 가지고 태어나는 것이 자연自然의 이치요, 또 말과 글을 빌어 그것들에 이름을 붙여 부르는 것이 너무나 당연한데, 자지, 보지, 씹, 좆 이런 말을 입에 올리는 것이 무슨 잘못이라는 말이요? 두고 보십시오.

"저 소년은 장차 이 나라의 큰 인물人物이 되어 음양의 조화調和와 변화變化에 맞게 세상을 편안하게 이끌어나갈 인재가 될 것이요."

이 어린 소년이 바로 오성과 한음의 주인공으로 어린이 위인전에 반드시 나오는 오성 대감 즉, 백사 이항복이다.

사랑과 섹스 sex

사랑과 섹스 sex

사랑과 섹스는 환상적幻想的인 것 같지만 현실은 그렇지 않다.
안정적安定的이고 싶어 하는 욕구와 뜨거운 열정熱情이 계속 충돌衝突하기 때문이다.
섹스는 불결함과 순수함이라는 이분법二分法에서 잠시 벗어나게 해 준다.

첫 섹스가 황홀한 까닭은 고독으로부터 친밀함까지 가장 먼 거리를 여행旅行할 수 있기 때문이다.

섹스는 순간瞬間이고, 생활生活은 그보다 훨씬 길다.
섹스는 강렬强烈하지만 짧다.

프로이트는 '섹스'로 삶의 동력動力을 얻어 다른 곳에 쓴다고 생각했다.
그 열정을 이를테면 일터로 가져올 수 있다는 것이다.
그리고 성욕性慾은 강력한 열정을 포함하고 있기 때문에 그 열정으로 일에 매진邁進한다면 성공成功하지 못하는 일이 없다고 했다.

사랑
백화점 百貨店

사랑 백화점 百貨店

진정眞情한 사랑은 마음으로 나누는 사랑이고,
가치價値있는 사랑은 오직 한 사람을 위한 사랑이며,
헌신적獻身的인 사랑은 되돌려 받을 생각 없이 하는
사랑이다.

소중所重한 사랑은 영원히 간직하고픈 사람과 나누는 사랑이고,
행복幸福한 사랑은 두 마음이 하나 되는 사랑이며,
뿌듯한 사랑은 주는 사랑이다.

포근한 사랑은 정情으로 나누는 사랑이고,
아름다운 사랑은 두 영혼靈魂이 하나가 되는 사랑이며,
황홀한 사랑은 두 육체肉體가 하나 되는 사랑이다.

깨끗한 사랑은 부부夫婦끼리 나누는 사랑이고,
용기勇氣있는 사랑은 사랑하고픈 사람과 나누는 사랑이며,
끈끈한 사랑은 핏줄에 대한 사랑이다.

감격적感激的인 사랑은 오랫동안 헤어졌다가 다시 만나는
사랑이고,
깜찍한 사랑은 아이와 나누는 사랑이며,
때 묻지 않은 사랑은 첫사랑이다.

순간瞬間의 사랑은 마음이 배제排除된 사랑이고,
영원永遠한 사랑은 마음이 합치合致된 사랑이며,
끝없는 사랑은 죽음에 이르러서까지 나누는 사랑이다.

불행不幸한 사랑은 사랑해선 안 될 사람과 나누는 사랑이고,
값싼 사랑은 사랑의 대상을 자주 바꾸는 사랑이며,
천박淺薄한 사랑은 육욕肉慾에 치우친 사랑이다.

억울抑鬱한 사랑은 마지못해서 나누는 사랑이고,
비참悲慘한 사랑은 굶주린 상태에서 나누는 사랑이며,
가난한 사랑은 받은 사랑이다.

무모無謀한 사랑은 임자 있는 사람과 나누는 사랑이고,
우울憂鬱한 사랑은 사랑할수록 아픔이 더해지는 사랑이며,
애틋한 사랑은 이루어질 수 없는 사랑이다.

고독孤獨한 사랑은 혼자서 나누는 사랑이고,
추醜한 사랑은 강제로 나누는 사랑이며,
쓰디쓴 사랑은 이별離別한 후에 사랑이다.

사랑과 성(性)

♥ 사랑과 성性

남자에게 섹스sex는 사랑을
확인確認하는 유일한 방법方法이다.
남자의 섹스는
사랑이 전부全部가 아니다.
자신에 대한 존재감存在感의
확인이자,
여자에 대한 우월감優越感의
확인이며,
여자를 지배支配하고자 하는 마음이다.

남자는 끊임없는 새로운 섹스의 판타지fantasy를 만들기 위해 사랑의 대상을 늘리고 싶어 하는 욕정慾情으로 가득 차 있다.
그리고 여자의 감정과 태도態度가 섹스의 퀄리티quality를 좌우한다.

사랑하는 사람과 섹스를 하는 순간 옥시토신이라는 행복幸福 호르몬이 평상시보다 500배 이상 증가增加 하여 사랑의 대상자와 친밀감을 만들어 주는 것은 물론이고, 힘들었던 일, 나빴던 일과 아픔을 겪었던 모든 기억記憶을 소멸消滅시켜준다.

♥ 남자가 섹스한 여자와 사랑에 빠지는 이유는

섹스했던 순간만 생각해도 옥시토신, 엔도르핀, 도파민이라는 환각물질幻覺物質이 생성生成되어 온몸을 기분 좋게 함과 동시에 스트레스를 모두 날려 버리기 때문이다.

그리고 여자가 100% 자신을 받아들였다는 황홀경으로 인해 자존감은 물론 행복감이 높아져 섹스한 상대뿐만 아니라, 모든 사물이 아름답게 보여지기 때문이다.

여자는 감정感情이 업UP 되어야 섹스가 가능하다.
여자가 섹스를 거부拒否하면 남자는 자존감이 상傷하게 되어 사랑할 때 생산生産되는 옥시토신, 엔도르핀, 도파민이라는 호르몬이 적게 생산되는 동시에 감정이 신경질적으로 변화變化한다.

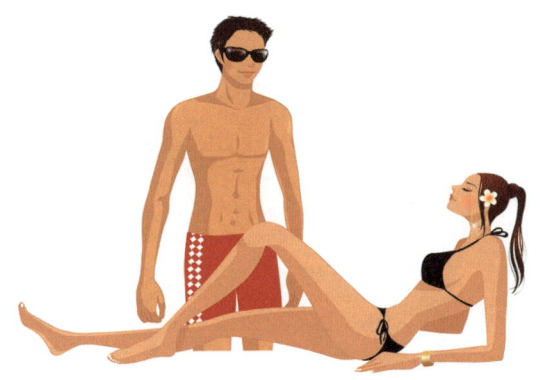

♥ 여자가 사랑받기 위해서

- 시각적視覺的인 동물動物인 남자가 쳐다보고 싶도록 아름답게 꾸미고 있어야 한다.
- 여자가 아름답게 꾸미고 있으면 남자는 자신이 대우待遇받고 있다고 생각한다.
- 남자에게 항상 애교愛嬌를 섞어 말하는 습관習慣을 키워야 한다.
- 남자가 항상 나보다 더 많이 알고 있는 것처럼 느끼게 해야 한다.
- 남자는 사랑하는 여자 앞에서 영웅英雄이 되고 싶어 하니까, 남자를 올려주고 우러러보고 있다고 느끼게 해야 한다.
- 남자가 스트레스에 쌓였을 때는 본인이 하고자 하는 일을 할 수 있도록 편하게 해주어야 한다.

위와 같이 행동할 때 남자는 여자가 실수失手하더라도 빨리 잊게 되고 더욱더 사랑에 빠지게 된다.

♥ 조선시대 미인美人이 갖추어야 할 30가지 조건

1. **삼백**三白 : 희여야 하는 세 군데
    - 치아, 손, 피부
2. **삼흑**三黑 : 검어야 하는 세 군데
    - 눈동자, 눈썹, 머리카락
3. **삼홍**三紅 : 붉어야 하는 세 군데
    - 손톱, 볼, 입술(모두 건강미를 뜻함)
4. **삼장**三長 : 길어야 하는 세 군데
    - 팔다리, 목, 손가락
5. **삼단**三短 : 짧아야 하는 세 군데
    - 치아(길면 쥐이빨),
      귀(길면 당나귀 귀), 발길이
6. **삼광**三廣 : 넓어야 하는 세 군데
    - 이마, 가슴, 미간(眉間, 두 눈썹 사이)
7. **삼세**三細 : 가늘어야 하는 세 군데
    - 목, 허리, 발목
8. **삼후**三厚 : 두터워야 하는 세 군데
    - 엉덩이, 유방, 허벅지
9. **삼협**三協 : 좁아야 하는 세 군데
    - 입, 발바닥 폭, 콧구멍
10. **삼소**三小 : 작아야 하는 세 군데
    - 유두(젖꼭지), 머리, 코(마늘쪽같이 오똑해야 한다.)

♥ 감사합니다. ♥ 고맙습니다. ♥ 사랑합니다.

♥ 남자와 여자

여자의 몸만 원하는 남자는 삼류다.
여자의 마음만 원하는 남자는 이류다.
여자의 몸과 마음을 원하는 남자는 일류다.

여자의 몸과
마음을 만족시키는 남자는 초일류다.

그러나
여자의 몸과 마음을 아끼고 배려하며
사랑하는 남자가 진정한 남자다.

여자는
많은 사람들의 눈을 위해 옷을 입고
한 사람의 마음을 얻기 위해 옷을 벗는다.

남자는 시각과 촉각의 동물이다.
그녀의 볼륨 있는 몸매에 반하고
그녀의 매끄러운 피부에 반하고
그녀의 오뚝한 콧날에 반하고
그녀의 입술에 반한다.

하지만
여자는 청각과 후각의 동물이다.
그이 이쁘다는 말에 반하고
그의 상쾌한 스킨 향에 반하고
그의 다정한 말 한마디에 반하고
그이 익숙한 향기에 반한다.

그래서
남자는 여자가 꾸미길 원하고
남자는 여자와 스킨십하기를 원한다.

여자는 그가
사랑한다고 말해주길 원하고
여자는 그에게서
다른 여자의 향이 사라지길 원한다.

-로맨스 일러, 멜로우-

남자들의
심벌, 불륜, 사랑

♥ 남자들의 심벌 symbol 인 성기에 관해서

● 남자들의 심벌인 성기 평균 사이즈가 가장 큰大 나라 순위

1위   콩고민주공화국 18cm   나라 크기는 아프리카에서 3번째이지만
                          거시기는 압도적으로 크다.
2위   브라질 16.5cm   삼바리듬만큼 뜨거운 나라다.
3위   스웨덴 16.3cm   기럭지는 물론 모든 것이 길다.
4위   이탈리아 16.1cm   피자와 파스타의 나라이자 유럽에서도 심벌
                          상위권을 자랑한다.
5위   프랑스 16cm   자신감 넘치는 나라답게 로맨틱한 매력魅力은
                          물론 사이즈 크기도 대단하다.

※ 대한민국 12cm

● 남자들의 심벌인 성기 평균 사이즈가 가장 작은小 나라 순위

1위   캄보디아 9.3cm   '프롬 어오랄'은 캄보디아에서 최고 높은 산으로
                      해발海拔 1,813m이다.
2위   태국 9.43cm   '도이 인타논산'은 태국泰國에서 최고 높은 산으로
                      해발 2,565m이다.
3위   북한 9.6cm   '백두산'은 북한에서 최고 높은 산으로 해발
                      2,750m이다.
4위   네팔 9.9cm   네팔의 '사가르마타' 국립공원 안에 있는
                      '에베레스트' 산은 해발 8,848.86m를 자랑하고 있다.
5위   미얀마 10.1cm   '카카보라지'는 미얀마에서 최고 높은 산으로
                      해발 5,881m이다.

♥ 불륜不倫에 관대寬大한 나라

1위 프랑스
대통령까지 공개적으로 불륜을 인정하며,
연애는 예술藝術이라고 당당하게 말하는 나라다.

2위 태국
남편의 애인愛人을 아내가 직접 집으로 초대하여 대접待接
할 정도로 관대한 전통傳統을 지니고 있다

3위 스웨덴
개방적인 성 문화性文化로 불륜도 개인의 자유自由라고 생각한다.

4위 이탈리아
연인戀人이 여러 명 있는 걸 로맨틱하다고 여기며,
질투嫉妬보다는 이해理解를 먼저 한다.

5위 브라질
남편이 바람피워도 아내들이
당연하다는 듯이 받아들이는
문화文化를 지니고 있다.

♥ 섹스를 오래 나누는 나라들

1위 나이지리아
평균 45분 이상, 체력體力과 에너지에서 세계 최강

2위 미국
평균 40분 이상, 단순히 속도보다 서로의 만족滿足을 중요하게 여기는 문화 덕분에 오랜 시간을 섹스에 투자投資한다.

3위 브라질
평균 30분, 삼바 리듬처럼 뜨겁고 지치지 않는 열정의 나라! 섹스에도 에너지가 넘친다.

4위 멕시코
평균 24분, 라틴 특유의 열정熱情으로 춤, 음악, 섹스까지 뜨겁고 길게 한다.

5위 덴마크
평균 20분, 북유럽 특유特有의 개방적인 문화文化와 성 평등 의식이 높아 서로를 존중尊重하며 오래 즐긴다.

♥ 불륜不倫이 가장 많은 동우회

(이혼離婚 전문변호사들이 인정認定)

1위 등산登山 동우회同友會
정상頂上에서 희열喜悅과 성취감成就感,
뒤풀이에서는 막걸리 한잔,
그 후로는 서로의 정상까지 찍어버린다.

2위 골프 동우회
굿~샷good shot 한마디에 시작되는 인연因緣,
4시간 라운딩과 19홀
뒤풀이 그 끝은 라운딩보다 더 위험危險하다.

3위 자전거自轉車 동우회
속도에서 나오는 엔도르핀과 높은 심박수, 거기에 여자·남자
할 거 없이 딱 붙는 쫄쫄이 복장이 성적 자극을 준다.

4위 사진 동우회
렌즈는 풍경風景을 담지만 결국에는 서로의 눈빛과 육체를 담게
된다.
지방으로 가는 경우가 많고 당일치기가 힘들 수도 있다.

5위 테니스, 배드민턴 동우회同友會
한 팀으로서 상대팀을 이기려는 목적을 가지고 땀 흘리며
하이파이브 high five로 환호歡呼하면서 운동하다 보면 없던
감정感情도 생긴다.

참고문헌

- 이명수, 「사냥꾼과 여자 이야기」, 지성문화사
- EBS 다큐프라임(남자), 「내 남자의 사생활」, 블루앤트루(주)
- 이명수, 「중국인의 성풍속」, 지성문화사
- 김범영, 「성마을 이론」, 지식과 감성
- 이명수, 「한국인의 성풍속」, 지성문화사
- 박해양, 「씨부리지 마라」, 골든벨
- 박해양, 「쪽팔리게 살지 말자」, 박해양, 골든벨
- 박해양, 「인생은 밀가루 반죽이다」, 박해양, 골든벨
- 박해양, 「니 쪼대로 살아라」, 박해양, 골든벨
- 박해양, 「여자의 전설」, 박해양, 골든벨

巨松 단상록 8

숫놈들의 폭망시대

초판 발행 | 2025년 10월 11일

지 은 이 | 박해양
교   정 | 박혁(책임교정), 김지희

발 행 인 | 김길현
발 행 처 | (주)골든벨
등   록 | 제 1987-000018 호
I S B N | 979-11-24114-01-8
가   격 | 16,800원

㉾04316 서울특별시 용산구 원효로 245(원효로1가) 골든벨 빌딩 6F
• TEL : 도서 주문 및 발송 02-713-4135 / 회계 경리 02-713-4137
       기획디자인본부 02-713-7452 / 해외 오퍼 및 광고 02-713-7453
• FAX : 02-718-5510   • http : // www.gbbook.co.kr   • E-mail : 7134135@naver.com

본 도서의 내용(텍스트, 도해, 도표, 이미지 등)은 저작권자의 사전 서면 승인 없이 아래와 같은 행위는 금지되며, 위반 시 「저작권법」 제125조(손해배상의 청구) 및 관련 조항에 따라 민·형사상 책임을 질 수 있습니다.

① 개인 학습 목적을 넘어 도서의 전부 또는 일부를 무단 복제·배포하는 행위
② 학교·학원·공공기관·기업·단체 등에서 영리 또는 비영리 목적을 불문하고 허락 없이 복제·전송·배포하는 행위
③ 전자책, PDF, 스캔본, 사진 촬영본, 클라우드 공유, 온라인 커뮤니티 게시, SNS 업로드, 파일 공유 서비스 등을 통한 무단 이용
④ 기타 디지털 복제·전송 수단(USB, 디스크, 서버 저장, 스트리밍 등)을 이용한 무단 사용

※ 파본은 구입하신 서점에서 교환해 드립니다.